1교시
성적보다 먼저 챙겨야 할 것들

엄마의 불안이 성적보다 먼저 아이를 흔든다	12
아이 성적이 나쁠 때마다 탓하는 일	22
"공부 좀 해"라는 말이 상처가 되는 이유	32
아이는 엄마가 기대하는 사람이 되려 애쓴다	38
성적은 보고가 아니라 공부 경험이다	44
성적보다 중요한 건, 지금 아이의 감정이다	49

2교시
중, 고등학생이 되면 달라지는 것들

사춘기는 공부보다 감정을 먼저 휘젓는다	58
아이가 말이 없어진 건 공부 때문이 아니다	64
"너 요즘 뭐하니?"가 불편한 질문이 된 이유	68
몰래 핸드폰 보며 무기력해지는 아이	73
친구가 전부인 시기, 공부는 뒷전이 된다	84
아이는 몰라서가 아니라 방향을 잃었을 뿐이다	91

3교시

인생의 방향을 정하는 시기?

진로 상담은 했는데, 왜 더 불안할까	100
"1등급 아니면 의미 없어"는 누가 만든 말일까	105
스펙보다 삶의 방향이 먼저라는 말이 공허하게 들릴 때	110
아이는 '자기답게 살고 싶은데' 방법을 모른다	115
너무 일찍 철든 아이, 너무 늦게 놓아주는 부모	120

4교시

대화가 아이를 바꾼다

말 한마디에 무너지는 자존감, 다시 세우는 한마디	130
엄마의 말습관이 아이의 인생을 만든다	135
"네가 하려는 걸 믿어"라는 말의 힘	138
사과할 줄 아는 엄마가 믿음을 쌓는다	143

5교시

자존감이 흔들릴 때 아이를 붙잡는 법

시험 실패가 아니라 자존감 실패다	150
자책보다 회복이 빠른 아이로 키우기	155
정말로 과정을 중요하게 볼 필요가 있을까?	158
"결과가 다는 아니야"라는 말이 통하려면	162

6교시

진짜 1등급 인생은 무엇일까?

아이의 인생을 엄마가 통제할 수 있을까	170
'잘 살아가는 힘'을 가르치는 부모	174
나를 그대로 받아주는 부모가 자존감을 만든다	179
성적을 넘어, 자기 삶의 방향을 선택하는 아이	184
1등급 인생행복한 삶을 찾아서	188

프롤로그

  사람들은 '1등급'이라는 말에 민감합니다. 어떤 이들에게는 성공의 상징이고, 어떤 이들에게는 결코 넘지 못할 벽으로 느껴지기도 합니다. 특히 아이들의 성적표 앞에서 이 단어는 더욱 강조됩니다. 그래서 누군가는 이 단어에 열광하고, 또 누군가는 괴로워합니다.

하지만 여기서 우리는 한 번쯤 생각해봐야 합니다. 성적표에 적힌 숫자 하나가 과연 한 사람의 인생을 온전히 평가할 수 있을까요? 우리는 왜 아이와 자신에게 그토록 '1등급'이라는 타이틀을 요구하는 것일까요?

2019년, 저는 경남 창원의 작은 7평짜리 교습소에서 영어 수업을 시작했습니다. 그리고 지금 조슈아영어는 창원과 경남 지역 최대 규모의 영어교육 기업으로 성장했습니다. 2025년 1월에는 대한민국 교육산업대상에서 'AI 영어 교육 시스템 부문 대상'을 수상하기도 했습니다. 그러나 이 모든 과정에서 제게 가장 중요했던 것은 성적 그 이상이었습니다. 저는 아이들의 진정한 성장과 삶을 바꾸는 교육을 꿈꿔왔습니다.

'1등급'은 성적표에만 존재하는 것이 아니라 삶에도 존재하는 단어입니다. 존재 자체로 주변 사람들에게 긍정의 에너지를 주고, 스스로 삶에 만족하며 끊임없이 성장하는 사람. 저는 그런 사람이 진정한 1등급 인생을 살아가는 사람이라고 믿습니다.

조슈아영어는 AI 교육 시스템과 함께 '1등급 습관'을 통해 아이들이 삶에서 진정한 1등급을 누릴 수 있도록 돕는 것을 목표로 하고 있습니다. 또한 이러한 가치를 바탕으로 K-에듀를 세계로 수출하는 비전도 준비하고 있습니다. 그러나 무엇보다 중요한 것은, 당신과 당신의 아이가 '성적'이 아닌 '삶'에서 1등급을 경험하는 것입니다.

이 책은 교육자의 시선이자 인생의 선배로서, 성적과 삶의 진정한 관계에 대한 고민과 우리가 어떻게 1등급 인생을 살아갈 수 있을지에 대한 해답을 담았습니다. 아이의 성적과 미래를 걱정하는 부모님들과, 그 속에서 삶의 방향을 다시 고민하는 모든 분들에게 이 책이 삶의 나침반이자 든든한 길잡이가 되기를 바랍니다.

이영호 올림

1교시

성적보다
먼저 챙겨야 할 것들

| 01 |

엄마의 불안이
성적보다 먼저 아이를 흔든다

세연이는 중학교 2학년이다. 반에서 성적이 항상 상위권이라 엄마는 딸에 대한 믿음이 확고했다. 시험 때가 되면 엄마는 이웃들에게 농담처럼 자주 성적에 대해 말했다. 세연이는 엄마의 자랑이었고, 동네에서도 알아주는 공부를 잘하는 학생이었다.

"우리 세연이는 늘 잘하잖아요. 이번에도 1등 할 거예요."

하지만 중간고사에서 세연이의 국어 성적이 평소보다 떨어졌고, 엄마는 딸의 성적표를 보자 순간 굳은 얼굴로 말했다.

"이번엔 왜 이렇게 됐니?"

세연이는 엄마의 얼굴을 보고 덜컥 겁이 났다. 엄마의 표정이 더 무서웠다. 시험을 망친 것보다, 그 순간 자신이 엄마의 기대를 저버렸다는 느낌이 아이의 가슴을 짓눌렀다.

그날 밤, 세연이는 방에서 혼자 울었다. '엄마는 내가 완벽하기만을 바라는구나.' 대수롭지 않게 넘어갈 수 있는 말일 수 있지만, 민감한 감수성을 가진 나이의 세연이는 그렇게 넘기지 못했다. 그날 이후 세연이는 국어책을 펴는 것조차 두려워졌다. 다시 시험이 오면 같은 실수를 반복할지도 모른다는 불안 때문에, 문제집 앞에서 펜을 들었다가도 금세 내려놓곤 했다.

나는 학원 원장으로서 오랜 시간 아이들을 관찰해왔다. 많은 아이들이 성적 그 자체보다는 성적을 대하는 부모의 태도에 의해 더 큰 상처를 받는다는 사실을 자주 목격했다. 아이는 성적을 걱정하기 이전에, 엄마의 표정부터 살피고 있었다. 성적이 잘 나왔을 때에도 아이는 기뻐하기보다 엄마가 얼마나 만족하는지부터 확인했다.

아이의 마음은 어떨까?

겉보기와 달리 청소년기는 부모 의견에 매우 민감한 시기다. 십대들은 겉으로는 "내 마음대로 할래요." 하며 독립적인 척 보이지만, 실제로는 부모의 말과 기대에 예민하게 반응한다. 부모의 칭찬이나 비판에 대해 청소년기의 뇌는 강하게 반응하며, 부모의 평가를 또래의 평가 이상으로 중요하게 받아들이는 경향이 발견되기도 한다.

연구에 따르면 12~18세 청소년들에게 부모가 했다고 믿게 한 칭찬과 비난을 들려주었는데, 아이들의 기분은 칭찬에 올라갔다가 비난에 크게 떨어졌다. 특히 부모의 비판이 아이 자신의 생각과 어긋날 때 그 부정적 영향이 더 오래 지속되었고, 실험이 끝난 후에도 아이들은 전반적으로 자신을 이전보다 못난 사람처럼 느꼈다.[1]

뇌과학에서도 아이가 부모의 말을 신체적 통증처럼 느껴질 수

---

1 리스안네 판 하우툼 등, "Adolescents' affective and neural responses to parental praise and criticism," Developmental Cognitive Neuroscience 53 (2022): e101099

있다고 말한다. 위 실험에서 부모의 비난을 들은 청소년의 뇌는 고통과 감정을 처리하는 부위가 활성화되었는데, 이는 실제 신체적 통증을 느낄 때 활성화되는 부위와 같았다. 다시 말해, 부모의 날카로운 한마디는 아이 뇌에 실제 아픔처럼 각인될 가능성이 있다. 흥미로운 점은 아이 스스로 자기 이미지가 긍정적이거나 평소 부모의 애정을 많이 느끼는 경우에도, 엄마의 비난이 주는 뇌의 고통 반응이 크게 줄어들지 않았다. 아무리 부모와 자녀 관계가 좋아도 부모의 부정적인 말은 청소년기에 상처로 작용할 수 있다.

아이에게 영향을 끼칠 수 있는 부정적인 말들
- 꾸지람과 잔소리
- 비난과 모욕적인 언어
- 비교와 평가
- 조건부 칭찬

그에 비해 세연이가 들은 엄마의 말은 사실 특별하지 않다. 성적을 통해 아이의 가치를 판단하는 것이 익숙해진 엄마들이 흔히 하는 실수다. 나는 이 이야기를 들으며 이런 말을 덧붙였다.

"엄마의 불안은 아이에게 그대로 전달됩니다. 아이는 성적보다도 엄마의 불안을 먼저 느끼고, 그것을 두려워합니다. 아이가 정말로 원하는 것은 완벽한 점수가 아니라, 완벽하지 않아도 괜찮다고 말해주는 엄마의 믿음입니다."

엄마의 거울, 아이

엄마의 불안은 거울처럼 아이의 마음에 그대로 투사된다. 흔히들 아이의 성적을 위해 불안을 감추려 노력하지만, 실상 아이들은 그 속내를 더욱 예리하게 감지한다. 엄마가 직접 이야기 하지 않아도, 부르는 목소리의 떨림만으로 속내를 밝혀낸다.

엄마가 '성적이 완벽하지 않아도 괜찮다.'고 진정으로 말할 수 있는 것은 아이에게 보내는 신뢰다. 성적만의 문제는 아니다. 아이의 점수를 믿는 게 아니라, 아이의 불완전함 속에서도 존재의 가능성을 신뢰하는 태도다. 마치 화분 속의 식물을 볼 때, 잎사귀 하나의 상태가 아니라 그 식물이 가진 성장 가능성을 믿고 물을 주듯 말이다.

실제로 많은 아이들이 성적이 떨어졌을 때 두려워하는 것은 엄마의 실망이다. 아이에게 성적은 불안의 원인이 아닐 때도 있다. 아이의 경쟁심이 강할 경우는 성적으로 인해 스스로 스트레스를 받기도 하지만, 대다수의 아이들이 그렇지는 않다. 성적의 상승과 하락은 엄마의 불안을 가늠하는 척도에 불과한 때도 있다. 지금은 어른이 된 나를 돌아봐도 어린 시절 좋지 못한 성적을 받으면 혼날까봐 전전긍긍했다. 시대가 변해도 아이들과 성적의 관계는 변하지 않는 듯하다. 어떤 학생은 시험이 끝난 뒤 울며 말했다.

"엄마가 화낼까 봐 무서워요."

엄마의 시선은 아이에게 때로 떨어진 점수보다 더 무겁게 다가온다. 엄마가 다루어야 할 것은 아이의 성적이 아니라 자신의 내면에 있는 불안의 그림자일지 모른다. 교육이란 단순히 미래를 위해 현재를 희생하는 것이 아니라 현재의 경험 자체를 소중히 다루고 확장해가는 과정이다. 아이의 경험이란, 삶의 각 순간에 현재의 가치를 느끼고 그 경험을 통해 스스로 성장해나가도록 하는 것이다. 성적은 아이가 성장하면 자연스럽게 따라온다.

성적이 떨어졌다는 말 돌아보기

성적이 떨어졌다는 엄마의 불안은 교육 그 자체보다는 결과에만 집중했기 때문이다. 엄마의 불안이 위험한 이유는 현재의 경험을 부정하고 희생시키기 때문이다. 엄마는 아이가 현재의 경험을 통해, 그것이 성공이든 실패든, 얻을 수 있는 무수히 다양한 성장 가능성을 무시하고, 오로지 미래의 성공이라는 단 하나의 좁은 목표에만 초점을 맞추고 있는 셈이다. 즉, 아이는 현재의 경험을 깊이 있게 누릴 수 없고, 미래에만 얽매인 채 성적이라는 한정된 경험에만 갇히게 된다.

우리는 시험을 하나의 목표라고 생각하지만, 그 과정 자체가 교육임을 잊으면 안된다. 교육이란 아이가 먼 미래를 위해 끊임없이 준비하는 것이 아니라, 삶을 살아가는 그 모든 과정 자체가 교육이라는 의미이다. 엄마의 불안이 강조하는 '고득점'이라는 목표는 아이의 삶을 끊임없이 목표를 위한 준비 단계로 격하시켜, 마치 무대 뒤편에서만 살아가도록 강요하는 것과 같다. 아이는 늘 미래라는 무대 위에 올라갈 준비만 하다가 정작 무대 위에서 살아가는 방법을 배우지 못한다.

시험 점수가 떨어진 아이를 혼낼 때 엄마의 불안은 아이가 왜 점수를 잘 받지 못했는지, 이번 시험에서 무엇을 배우고 느꼈는지 질문하는 대신, 그 실패가 미래에 어떤 악영향을 줄지에만 집중한다. 현재의 실패나 부족함에서 배울 수 있는 중요한 경험들을 모두 사라지게 만들고, 결과적으로 아이가 실패를 통해 성장하는 길마저 차단할 가능성이 있다.

신뢰의 힘

세연이가 다시 공부에 흥미를 붙이게 된 건 엄마가 먼저 달라진 후였다. 엄마는 시험 성적 대신 아이가 보여준 노력의 과정에 주목하기 시작했다. 그리고 다음 시험을 앞둔 세연이에게 이렇게 말했다.

"이번엔 결과가 어떻든 엄마는 너를 믿어. 네가 열심히 한 거면, 그것만으로 충분히 잘한 거야."

신뢰의 한마디가 아이를 안도하게 하고 용기를 준다. 부모가 나의 가치는 성적과 상관없이 존중받는다는 믿음을 심어주면 아이는 시험에 대한 두려움에서 서서히 벗어나게 된다. 실제로 "부모가 조건 없는 지지를 해준다는 사실을 알게 되면 아이의 삶과 성적이 크게 향상되었다."고 말하기도 한다. 아이는 부모가 자신을 끝까지 지지해줄 것이라고 느낄 때 정서적 안정감을 얻고, 오히려 스스로 더 높은 목표에 도전해보려는 동기를 갖게 된다. 세연이도 엄마의 말을 듣고 비로소 시험에 대한 두려움에서 벗어나기 시작했다.[2]

2 Zach Aleba, "How Parents Should React to Their Kids' Bad Grades to

성적보다 먼저 챙겨야 할 것은 엄마 자신의 불안이다. 엄마가 불안할수록 아이는 위축되고, 엄마가 편안할수록 아이는 다시 도전할 힘을 얻는다.

아이의 성적이 떨어졌을 때, 엄마의 마음이 먼저 흔들리지 않아야 한다. 엄마의 작은 표정 하나, 말 한마디가 아이의 성적보다 더 깊이 아이의 마음에 남기 때문이다.

부모가 기억해야 할 팁

- 차분함 유지: 나쁜 성적표를 받아들었을 때 먼저 심호흡하고 감정을 가라앉히기.
- 과정 칭찬: 결과 대신 노력한 과정과 조금이라도 향상된 점을 찾아 칭찬하기.
- 건설적 대화: 아이와 함께 무엇이 어려웠는지 듣고, 다음에는 어떤 방법으로 보완할지 같이 계획하기
- 실패 정상화: 실패를 인생의 자연스러운 일부로 받아들이게 돕기. 실패를 인격이나 능력의 문제로 확대 해석하지 않기
- 무조건적인 지지 표현: 성저과 상관없이 사랑하고 믿는다는 메시지 전달하기

Help Them Succeed," Parents.com, 업데이트 2023년 2월 9일.

- 미래보다 현재 집중: "대학 못 가면 어쩌지?" 같은 먼 미래의 걱정보다는, 지금 여기서 무엇을 도울 수 있을지에 집중하기
- 필요시 전문가와 협력: 노력했는데도 반복적으로 성적이 떨어진다면 담임 선생님과 면담하거나 학습 습관을 점검하는 등 외부 도움을 받기

| 02 |

아이 성적이 나쁠 때마다 탓하는 일

민재는 중학교 2학년으로 형과 한 살 차이다. 형은 모범생으로 불릴 정도로 성적이 좋았고, 선생님들 사이에서도 인정받는 아이였다. 하지만 민재는 형과 달랐다. 그림 그리기를 좋아하고, 친구들과 뛰어노는 일이 행복한 아이였다. 민재의 엄마는 자책했다. '내가 더 잘해주지 못해서 그런가?' 하지만 엄마의 마음과는 다르게 자책은 자녀에게로 향했다.

"형은 네 나이 때 영어 경시대회도 나갔어. 너는 대체 뭘 하고 있니?"

처음엔 엄마도 민재에게 동기 부여를 해준다는 생각이었지만, 반복될수록 그 말은 아이를 점점 위축시켰다.

아이의 성적, 부모의 죄책감

아이가 성적표를 받아오는 날, 부모의 가슴에는 먹구름이 드리운다. 기대에 못 미치는 점수를 볼 때 어머니의 심장은 철렁 내려앉고, 머릿속에는 "어디서 내가 잘못했을까?" 하는 자책이 밀려온다. 많은 부모, 특히 어머니들은 자녀의 성취를 자신의 성적으로 받아들이곤 한다. 실제로 어떤 어머니는 아이 성적이 나쁠 때 "엄마가 너 때문에 부끄러워서 얼굴을 못 들고 다니겠어."라고 말하기도 했다.

이처럼 자녀의 실패를 곧 자신의 실패로 느끼며, 부모는 깊은 죄책감과 수치심을 경험한다. 이러한 심리는 우리 사회의 문화와 부모 역할에 대한 기대에서 비롯된다. 부모라면 당연히 아이를 잘 키워야 한다는 압박 속에서, 아이의 성적은 곧 부모된 자신의 가치 판단 척도가 되기 쉽다. 특히 완벽한 부모에 대한 강박이 있는 어머니일수록 아이의 작은 실패도 자기 탓으로 돌리며 불안해한다.

심리학적으로 내재화된 실패감과 왜곡된 죄책감이 작동하여, '내가 준비를 더 시켰어야 했는데….' '내가 부족한 부모라서 아이 성적이 떨어졌나.' 등의 반성을 거듭한다.

육아 강박증을 겪는 엄마들이 대표적으로 느끼는 감정도 죄책감이라고 한다. 완벽한 육아를 꿈꾸지만 현실의 아이는 내 뜻대로 움직여주지 않을 때, 어머니는 자신을 책망하며 좌절과 불안에 빠지게 된다. 아이가 학생이라고 달라지는 것도 아니다.

"내 잘못이다."라는 감정은 부모로 하여금 강한 책임감과 두려움을 동시에 야기한다. 죄책감에 사로잡힌 부모는 아이 앞에서 한숨을 내쉬거나 실망에 찬 표정을 보이며 자신을 책망한다. 그러나 이 자기비난의 기운은 곧 다른 감정으로 모습을 바꾸기 시작한다.

죄책감에서 분노로

속으로 자신을 탓하던 그 마음이 어느새 분노의 불꽃으로 번지곤 한다. 처음엔 내 탓이라며 자책하던 부모가 다음 순간에는 "대체 왜 이렇게밖에 못했어!"라며 아이에게 화를 내는 모습을 많이 찾아볼 수 있다. 이것은 죄책감이라는 고통스러운 감정을 이겨내기 위한 심리적방어 일 수 있다. 심리학의 관점에서 분노는 때때로 수치심이나 무력감에 대한 2차 감정으로 나타난다. 내면의 죄책감과 수치심은 너무 괴로운 나머지, 그 고통을 직접 마주하는 대신 바깥으로 분출되는 길을 찾는 것이다. 한 저널은 "분노는 감춰진 수치심을 가리기 위한 방패막이로 자주 쓰인다."고 보고하기도 한다.[3]

쉽게 말해, 부모는 "내 잘못이다."라는 감정이 주는 무력감을 견디지 못해 분노라는 갑옷을 입는 것이다. 분노는 죄책감보다 차라리 덜 취약해 보이고, 부모로서 통제력을 되찾는 느낌을 주기 때문이다. 이런 반응을 '투사'라고 한다. 투사는 자기의 부정적 감정이나 문제를 상대에게 떠넘기는 무의식적 방어기제이다.

부모의 마음속 깊이 자리한 불안과 분노의 씨앗이 투사를 통해 '문제는 아이에게 있다.'는 인식으로 바뀌는 것이다. 처음에는 '내가 잘못했어.' 하며 자기 탓을 하다가도, 곧 인지 부조화가 찾아온다. '나는 최선을 다한 좋은 부모'라는 믿음과 '아이 성적이 나쁘다.'는 현실이 충돌할 때 심한 불편감이 생기는데, 이를 해

---

3 엘리자베스 쿠퍼먼(Elizabeth Kupferman), "Anger, the Coverup To Shame and the Feelings of Not Being Good Enough," Evolve and Transform, 2021년 1월 9일, https://evolveandtransform.me/anger-the-coverup-to-shame-and-the-feelings-of-not-being-good-enough.

소하려고 원인을 자신이 아닌 아이 쪽으로 돌리게 된다. 예컨대 '나는 다 해줬는데 네가 열심히 안 해서 그래.'라는 생각이 그 순간 부모의 마음을 채우고, 죄책감은 분노의 형태로 된다. 실제로 육아 강박적인 엄마들은 "내가 완벽한 환경을 제공했는데 아이가 기대만큼 따라오지 못할 때 분노를 느끼게 된다."고 했다.

부모는 사실 자신에게 화가 나고 실망했지만, 동시에 '나는 좋은 부모이고 싶다.'는 생각과 충돌하기 때문에 이 내적 갈등을 아이에 대한 비난으로 바꾸어 버린다. 아이에게 화를 내는 순간만큼은 마치 문제의 원인이 아이에게 있는 것처럼 느껴져, 부모 자신은 일시적으로 죄책감에서 벗어나 심리적 안도감을 얻기도 한다.

감정의 방향을 바꾼 화는 결국 부모가 가장 사랑하는 아이를 상처내는 비수가 되고 만다. 부모는 아이를 돕고 싶었건만, 마음의 화살은 엉뚱하게도 아이를 향해 날아간다. 처음에는 아이에게 화를 내고 나서 스스로도 놀라고 미안해 울던 엄마가, 시간이 지날수록 무뎌진 자신을 발견하고 슬퍼하는 부모를 상담하기도 했다.

돕고 싶은 진심 vs 상처 주는 행동

　마음과 행동의 모순이 발생하는 이유에는 몇 가지 심리적 원인이 있다. 먼저, 감정 조절 실패를 들 수 있다. 부모도 인간인지라 실망과 걱정이 극에 달하면 순간적으로 이성을 잃고 욱하는 감정에 휩싸인다. 특히 가까운 사람일수록 감정을 그대로 표출하기 쉬운데, 부모에게 아이는 누구보다도 밀착된 존재이기에 감정적 폭발의 표적이 되기 쉽다.

　둘째, 앞서 언급한 투사와 자기 합리화의 심리도 한몫한다. 부모는 속으로 "다 너 잘되라고 하는 말이야."라고 자신을 합리화하면서, 사실은 자신의 불안과 분노를 아이에게 쏟아낼 때가 많다. 무의식적으로 "내 탓"을 "네 탓"으로 바꾸는 과정에서, 부모 자신도 모르게 말에 독이 섞이는 현상이다. 예를 들어 부모 자신의 실패에 대한 두려움이나 열등감이 투사를 통해 아이에 대한 과한 기대나 간섭으로 둔갑하는 일이다.

　부모는 진심으로는 아이를 걱정하는 것 같지만, 그 내면을 들여다보면 부모 자신의 불안이 아이를 향한 잔소리와 꾸지람으로 표현되는 경우가 있다. 특히 부모 자신이 과거에 겪었던 상처나 결핍을 아이에게 투영하여 과도하게 반응하기도 한다. 부모 세대에 공부로 인정받지 못한 설움이 있는 경우 "네가 잘해야 우리 가정이 인정받는다."며 아이를 몰아붙이거나, 반대로 부모가 학창 시절 심한 통제를 받았던 상처가 있는 경우 "나는 자유롭게 키우고 싶었는데…"라는 혼란 속에 오히려 아이의 작은 일탈에도 격렬한 분노를 보이는 등 왜곡된 대응을 보이기도 한다.

셋째, 인지 부조화의 합리화도 작용한다. 부모는 아이에게 심한 말을 퍼붓고 난 뒤 스스로도 충격을 받지만, 동시에 "이렇게라도 해야 정신 차릴 거야."라고 행동을 정당화하고 싶어진다. 아이를 기분에 따라 혼내면 안된다는 지식과 현실 사이의 괴리를 줄이려는 심리다. 그래서 '매를 아끼면 아이를 망친다.'는 옛말을 스스로에게 되뇌거나, '내 부모도 나를 이렇게 키웠으니 괜찮을 거야.'라는 식으로 자기 행동을 합리화 한다. 하지만 이러한 자기합리화는 문제의 근본 해결이 아니다. 마음 한켠의 미안함과 분노는 여전히 남는다.

엄마에게 잘보이고 싶어서

엄마의 마음은 은연중에 아이에게도 전해졌다. 민재는 어느 순간부터 시험지를 받아들 때마다 자기 자신을 탓하기 시작했다. '이번에도 엄마를 실망시켰구나.'라는 생각이 먼저 들었다. 민재의 성적이 조금이라도 떨어질 때면, 엄마의 얼굴엔 걱정과 실망이 동시에 떠올랐다. 그런 표정을 보면 민재는 점점 더 자신감을 잃었고, 수업 시간에도 손을 들지 않게 되었다. 그는 잘하는 일을 하기보다 못하는 일에 신경 쓰게 되었고, 결국 공부 자체에 흥미를 잃었다. 성적이라는 숫자 앞에서 민재는 쉽게 자책하게 되었다.

왜 민재는 이렇게 자신을 탓하게 되었을까? 우리는 흔히 아이의 낮은 성적 앞에서 쉽게 가해자와 피해자를 찾으려 한다. 탓이란 결국 가해자를 찾아 핑계를 돌리려는 행위다. 이 경우 민재의 엄마는 아들의 성적이 떨어진 것을 보며 속으로 자신을 자책했다. '내가 아이 공부를 제대로 봐주지 못한 탓일까?' 하는 죄책감이 엄마 마음 한켠에 자리 잡았다. 그런데 이런 죄책감은 어느새 아이에 대한 걱정과 실망, 나아가 분노로 표출되었고 엄마의 그런 부정적인 감정이 민재에게 그대로 전해지면서, 민재는 자연스럽게 "내가 잘못했구나." 하고 자신을 책망하게 된 것이다.

민재 어머니의 변화

민재의 어머니가 아이를 만났을 때도 마찬가지다. 민재의 담임교사가 학부모 상담에서 엄마에게 이렇게 말했다.

"민재는 그림을 아주 잘 그립니다. 자기만의 강점이 있어요."

그 말은 엄마에게 작은 충격이었다. '나는 왜 늘 아이의 약점만 봤을까?'라는 후회했다. 아이의 약점을 자기 약점처럼 생각하고, 자신의 마음을 다스리지 못한 것을 변화시키려고 했다. 가장 처음에 자신을 변화시키려 노력했다.

민재 엄마는 자신의 마음챙김을 위해 노력했다. 부모가 현재 순간의 경험에 집중하되 판단하지 않고 있는 그대로 받아들이는 연습을 했다. 예컨대 아이의 성적 이야기가 나와 속에서 화가 치밀 때, 바로 혼계하거나 한숨부터 쉬는 대신 숨을 깊게 들이마시고 내쉬며 10초 정도 쉼을 갖는 것이다. 그 순간 부모는 '화가 나를 지배하도록 두지 말자.' 하고 마음속으로 되뇌었다. 실제 연구에서 마음챙김적 양육 수준이 높은 부모일수록 긍정적 양육행동이 늘고 부정적 양육이 줄어들며, 그에 따라 아이들의 불안과 우울, 문제행동이 감소하는 상관관계를 확인할 수 있다.[4] 마음챙김은 부모로 하여금 갈등 상황에서 자신의 감정을 먼저 자각하고, 반응하기 전에 한 박자 멈추며, 아이의 입장을 열린 마음으로 듣는 태도를 길러준다. 이런 부모의 태도는 '욱해서 소리지르는' 악순환을 끊고 침착하고 일관된 양육을 가능케 한다.

민재 엄마는 스스로에 대해서도 긍정적이고 따뜻하게 보려고

---

[4] 질 서티, "Mindful Parenting May Keep Kids Out of Trouble," Greater Good Science Center(U.C. Berkeley), 2016년 6월 7일

노력했다. 부모가 자기 자신에게도 따뜻한 시선을 보내는 것은 의외로 중요하다. 그동안 아이 성적 때문에 보인 자신의 부정적 반응들로 인해 자책감에 시달리는 부모들도 있다. 그러나 죄책감에 빠져 '나는 부족한 부모야.'라고 스스로를 채찍질하기보다는, 자기 자신을 용서하고 이해해야 한다. 완벽한 부모는 존재하지 않고 우리 모두 시행착오를 겪는다. 자신에 대해 따뜻한 시선은 부모의 정신적 에너지를 보존하여 변화에 더욱 집중할 힘을 준다. 부모 역시 기본 심리욕구가 있는 한 사람이므로 스스로의 정서적 필요를 돌보고 충전해야 자녀를 온전히 양육을 할 수 있다.

"성적이 낮다고 해서 아이 탓도, 엄마 탓도 아닙니다. 중요한 것은 아이의 강점을 보고, 성적이 아니라 아이 자신을 믿어주는 것입니다. 부모가 먼저 자신을 탓하면 아이는 더 무너집니다. 성적이 좋든 나쁘든 부모 자신과 아이를 있는 그대로 믿어주는 것이야말로 가족을 진짜 성장시키는 힘이 됩니다."

| 03 |

"공부 좀 해"라는 말이
상처가 되는 이유

 고등학교 1학년인 하린이는 성실한 편이었다. 과제도 꼼꼼히 하고, 수업시간에도 집중력이 좋았다. 그러나 시험만 다가오면 하린이는 압박감에 쉽게 흔들렸다. 어느 날 수학 점수가 크게 떨어졌을 때, 엄마는 깊은 한숨을 쉬며 이렇게 말했다.

 "공부 좀 제대로 해볼 생각 없니?"

엄마는 가볍게 던진 말이었지만, 하린이는 쉽게 잊지 못했다. 그 말은 단지 성적에 대한 지적이 아니라, 아이의 존재 전체를 흔드는 말로 다가갔다.

내가 경험한 바로는, 많은 엄마가 아이에게 건네는 말이 아이의 자존감을 크게 좌우한다는 점이다. 특히 "공부 좀 해."라는 말은 아이에게 "넌 지금까지 충분히 노력하지 않았다."는 의미로 들린다.

어투는 대상에 대한 태도를 포함한다. 특히나 부모와 자식의 관계에서 어투가 갖는 힘은 강력하다. "공부 좀 해."라는 말은 겉보기에는 아이의 미래를 위한 격려이지만, 이 말이 아이의 무의식에서 발휘하는 효과는 전혀 다르다. 엄마가 아이에게 던진 이 말은 무의식적으로 "나는 부족한 존재"라는 결핍을 아이 안에 심는다. 부모의 언어는 아이 안에 체계를 만들기 때문이다.

엄마의 언어가 아이의 세계다

아이에게 "공부 좀 해."라는 말이 반복되면, 결국 아이의 정체성은 자신도 모르게 '결핍된 존재'로 자리 잡게 된다. 엄마의 의도는 아이의 잠재력을 끌어올리기 위한 선한 것이었지만, 아이가 실제로 듣는 메시지는 결코 엄마가 의도한 대로 전달되지 않는다. 오히려 아이는 엄마의 기대와 비교당하며 끊임없이 부족함을 느끼고, 자기 자신을 진정으로 수용할 수 없게 된다.

이러한 언어적 상처는 가볍게 지나가는 말이 아니라 아이의 삶 전체에 지속적인 영향을 미친다. 하린이와 같은 아이들은 자신도 모르게 엄마의 말이 만든 무의식적 '결핍'을 채우기 위해, 성적이라는 외부의 평가에 과도하게 매달리거나, 반대로 아예 모든 노력을 포기해버리기도 한다. 결국 엄마의 사소한 말 한마디가 아이의 정체성을 결정짓는 결정적 계기가 되어 버리기도 한다.

진정 아이를 성장시키고자 한다면, 엄마의 언어가 아이에게 어떻게 전달될지 신중히 살펴야 한다. 언어는 아이의 자존감을 구성하는 무의식적 틀이 되기 때문이다. 부모의 언어는 단지 의사소통을 위한 것이 아니라 아이의 세계 그 자체를 만들어가는 일종의 세계 창조 행위이다.

어떻게 말해야할까?

캐럴 드웩 교수는 뉴욕의 초등학교에서 학생들을 두 그룹으로 나누고 간단한 퍼즐을 풀게 한 후 다음과 같이 칭찬했다.

첫 번째 그룹: "너 정말 똑똑하구나!" (능력 중심 칭찬)
두 번째 그룹: "너 정말 열심히 했구나!" (노력 중심 칭찬)

이후 더 어려운 퍼즐을 제공했을 때, 흥미롭게도 두 번째 그룹(노력 중심 칭찬)이 훨씬 더 적극적으로 도전하고 높은 성취도를 보였다. 반면, 첫 번째 그룹(능력 중심 칭찬)은 더 어려운 퍼즐 앞에서 쉽게 좌절하고 도전을 포기하는 모습을 보였다.

캐럴 드웩의 실험에서 드러나듯 부모나 교사의 칭찬은 아이가 자기 자신과 세상을 이해하는 방식, 즉 아이의 세계관을 형성하는 데 결정적인 역할을 한다. "너 정말 똑똑하구나."라는 능력 중심 칭찬을 받은 아이는 자신을 '타고난 능력을 증명해야 하는 존재'로 여기게 되고, 작은 실패 앞에서도 쉽게 무너지는 경향을 보인다. 반면 "너 정말 열심히 했구나."라는 노력 중심의 칭찬을 받은 아이는 스스로를 '노력을 통해 더 성장할 수 있는 존재'로 받아들이게 되고, 도전적 상황에서도 더욱 적극적이고 자신 있게 대처한다. 이처럼 부모의 언어는 아이가 자신의 능력을 인식하고 해석하는 방식뿐 아니라, 실패나 도전을 마주했을 때의 태도와 자신감까지 형성하는 힘을 갖는다. 결국 아이가 어떤 언어를 듣느냐에 따라 자신의 가능성을 바라보는 시각과 태도가 달라지기에, 부모는 언어를 통해 아이의 세계를 창조하고 있는 것이다.

부모의 언어는 아이가 살아갈 세계의 형태와 범위를 결정짓는 근본적인 행위이다. 하이데거가 말했듯 '언어는 존재의 집'이라면 '부모의 언어는 아이의 세계'다. 아이의 자존감을 보호하고 키워가는 일은 결국, 부모가 사용하는 언어를 통해 아이의 세계를 얼마나 풍요롭고 긍정적으로 구성할 수 있느냐에 달려 있는 것이다. "공부 좀 해." 대신 "네가 지금까지 노력한 것을 안다."는 말로 바뀌었을 때, 아이는 엄마의 언어 속에서 자신의 존재를 인정받고 자신감 있게 세상과 마주할 수 있다.

말하는 방식을 바꾸니

하린이 엄마는 아이에게 말을 하는 방식을 바꿨다.

"오늘은 뭐가 어려웠니?"

"그래도 끝까지 열심히 한 건 잘한 거야."

하린이는 다시 시험지를 마주할 때 두려움 대신 자신감을 되찾게 되었다. 여전히 성적은 완벽하지 않았지만, 이제 아이는 자신이 충분히 잘하고 있다고 믿기 시작했다.

엄마의 말 한마디가 아이의 세계을 바꾼다. '공부 좀 해.'라는 말보다 '네가 얼마나 열심히 했는지 알고 있어.'라는 말이 더 큰 힘이 된다. 아이 마음의 한계를 언어로 먼저 확장해주자. 그러면 아이는 스스로 공부하고 싶어질 것이다.

| 04 |

아이는 엄마가
기대하는 사람이 되려 애쓴다

기대라는 부담

수진이의 엄마는 평소 "우리 수진이는 참 똑부러져. 뭐든지 잘하지."라는 말을 자주 했다. 그 말이 아이에게는 인정으로 들렸지만, 어느새 '나는 항상 완벽해야 하는 사람'이라는 부담이 되어버렸다. 아이는 그 기대에 부응하기 위해 밤늦게까지 책상 앞을 지켰고, 혹여나 작은 실수라도 할까 봐 계속 긴장했다.

수진이는 수행평가 발표에서 준비한 내용을 깜빡 잊고 몇 초간 머뭇거렸다. 집에 돌아온 수진이는 방문을 닫고 한참 동안 눈물을 쏟았다. 나중에 수진이가 나에게 말해주길, 자신이 왜 그렇게까지 슬펐는지 고민해보니 '엄마가 기대하는 모습'을 지키지 못했다는 죄책감 때문이었다고 했다.

기대와 자기기만

인간은 다른 사람의 평가나 관점에 의해 스스로를 대상으로 바라보고, 심할 경우 자기기만에 빠진다. 수진이가 겪는 혼란과 고통은 바로 이 자기기만의 대표적 사례. 엄마의 기대가 명시적으로 강요되지 않아도, 수진이는 엄마의 말과 눈빛 속에서 무언의 기준을 읽어냈다.

타인의 시선이 자신의 행동을 지배하기 시작하면 인간은 점점 스스로의 존재를 잃어버리고 타인의 평가를 위한 도구로 전락하고 만다. 더 많은 칭찬을 듣기 위해서, 혹은 비난을 피하기 위해서 자신을 잃어버리는 경우는 어른들 사이에서도 허다하다. 아직 자신의 기준을 완성해나가는 아이에게는 더 큰 영향을 줄 수 있다.

엄마가 던진 "우리 수진이는 참 똑부러져. 뭐든지 잘하지."라는 말은 아이에게 칭찬으로 들리기도 하지만, 압박이 될 수 있다. 아이 스스로 내면의 기준을 완성해나가도록 돕는 칭찬이 좋다. 예를 들어, "우리 수진이는 늘 최선을 다하더라.", "네가 열심히 하니까 엄마도 기분이 좋아.", "네가 노력하는 모습이 참 보기 좋아."와 같은 칭찬이다.

"우리 수진이는 참 똑부러져. 뭐든지 잘하지." 같은 칭찬은 수진이에게 '나는 항상 완벽해야만 한다.'는 명령으로 들렸다. 수진이가 밤늦도록 책상을 떠나지 못하고, 작은 실수조차 용납하지 못했다. 이 자기기만의 상태, 즉 '엄마의 시선 아래에서 완벽한 아이로 살아가는 것'을 자신의 기준으로 받아들였기 때문이다.

올바른 기대란 무엇인가?

모든 사람은 타인의 시선으로부터 완전히 자유로울 수 없다. 하지만 부모와 자녀의 관계에 있어서 부모의 기준을 자녀에게 강제로 주입할 필요는 없다. 수진이와 같은 아이들에게 필요한 것은, 부모가 은밀히 부과하는 완벽의 기준이 아니라 자기 자신으로 살아갈 수 있는 용기이다. 결국 부모의 가장 진정한 역할은 아이가 타인의 시선과 기대를 넘어 자신의 진정한 기준을 찾도록 도와주는 데 있다.

"똑부러져, 뭐든지 잘하지."라는 말은 사랑의 온기로 시작하지만, 아이의 귀에는 "나는 늘 완벽해야 한다."는 명령으로 굳어지기 쉽다. 몇 초의 머뭇거림이 성적의 흔들림이 아니라 정체성의 균열로 느껴지는 순간, 기대는 돛이 아니라 목을 조이는 끈이 된다. 성취에 따라 온도가 달라지는 조건부 애정, "잘하면 포옹, 못하면 침묵"의 분위기는 사랑을 성과의 통화로 전락시킨다. "항상, 무조건, 완벽" 같은 절대어는 비현실적인 기준을 만들어 아이를 만성적 긴장 속에 가둔다. 과정은 지워지고 결과만 숭배될 때, 아이는 도전 대신 안전을, 시도 대신 회피를 배운다. 타인과의 비교는 타인의 그림자를 키우며 자기 빛을 지우고, 일방 통보된 목표는 부모의 불안을 아이의 인생에 위임한다.

그렇다면 올바른 기대는 무엇인가. 사랑은 고정하고 기준은 명확히 하되, 그 기준을 성과가 아니라 태도와 과정 위에 세우는 일이다. "잘해도 못해도 사랑은 변하지 않아. 우리는 성실과 배움을 함께 추구해."라는 문장이다. 칭찬은 정체성이 아니라 행동을 가리켜야 한다. "자료를 스스로 분류했구나.", "세 번째 연습에서 도입을 고친 선택이 좋았어."처럼 관찰 가능한 구체적 행동을 말하면 아이는 무엇을 계속하면 되는지 알게된다.

실질적인 칭찬법

피드백의 비율은 결과 1에 과정 3을 권하고 싶다. 연습 횟수, 시도한 전략, 집중을 유지한 시간 같은 지표를 전면에 세우자. 실수는 결함이 아니라 데이터다. 만약 발표에서 멈칫했다면 함께 대응책을 만든다. 잠시 멈추어 호흡을 고르고, 주제를 한 문장으로 요약한 뒤, 메모 키워드를 확인하고, 그 한 문장에서 다시 이어 말하기. 목표는 통보가 아니라 함께 만들어가는 협상이다. 아이의 흥미와 체력, 일정을 반영해 기간·범위·휴식을 함께 합의한다. 평가는 닫힌 판정이 아니라 열린 질문이 되어야 한다. "어디가 제일 어려웠니?", "다음에는 무엇을 바꿔보고 싶니?"와 같은 질문은 아이를 심판대에서 연구실로 옮긴다.

언어는 기대의 그릇이므로, "똑부러져." 대신 "오늘 네가 세운 계획대로 움직였구나."라고, "뭐든지 잘하지." 대신 "낯선 것도 용기 내어 시작했네."라고, "항상" 대신 "이번에는"이라고, "완벽하게 해." 대신 "충분히 해, 필요하면 고치자."라고 말해 보자. "실수하면 어떡해."라는 불안을 "실수해도 괜찮아, 그게 다음 걸음을 만든다."로 치환하면, 아이의 어깨는 눈에 띄게 가벼워진다.

3-2-1 대화법

갑작스런 발표처럼 흔들린 날, 부모는 세 가지 관찰, 두 가지 질문, 한 가지 확신으로 아이 곁에 설 수 있다. "도입 전에 숨을 고르는 모습이 있었고, 중간에 한 번 멈췄지만, 마지막 문장은 또렷했어."라고 구체적 상황을 건네고, "멈춘 순간엔 무엇이 떠올랐니? 다음에는 어떤 순서로 말하고 싶니?"라고 탐구 가능성을 열어 준다. 그리고 "네가 배운 걸 다시 시도할 용기가 있다는 걸 난 믿어."라고 신뢰 관계를 만든다. 이 간단한 3-2-1 대화만으로도 아이는 실패를 '발각'이 아니라 '발견'으로 기억한다.

이후, 수진이의 어머니께서 바뀐 것은 수진이의 얼굴이 조금 밝아진 것을 통해 짐작할 수 있었다. 나는 입시 설명회에서 엄마들에게 말한다.

"아이에게 기대를 가지는 건 자연스러운 일입니다. 하지만 그 기대가 아이를 압박하게 해서는 안 됩니다. 부모가 아이의 모습을 그대로 존중할 때, 아이는 비로소 자신의 모습을 찾아가게 됩니다."

| 05 |

성적은 보고가 아니라 공부 경험이다

성적에 대한 가까운 거리

민서는 학교에서 조용하지만 늘 성실한 학생이었다. 시험기간이면 항상 책상 앞에 붙어 앉아 있었고, 성적표는 언제나 상위권이었다. 그러나 엄마와의 대화를 할 때면 항상 긴장하고 불안해했다. 엄마는 민서가 집에 돌아오자마자 "오늘 시험은 어땠어?", "점수는 얼마나 나왔어?" 같은 질문부터 던지곤 했다. 민서는 그 질문 앞에서 늘 주눅이 들었다. 자신도 모르게 점수를 부풀리거나, 애써 괜찮은 척 웃으며 얼버무렸다.

나는 오랜 시간 학원에서 아이들과 부모를 지켜보며, 성적에 대한 과도한 관심이 아이와 부모 사이의 대화를 끊어버린 사례를 자주 보아왔다. 민서의 경우도 그랬다. 성적 얘기가 나올 때마다 민서는 마음의 문을 닫았고, 엄마의 질문이 점점 두려워졌다. 엄마와 마주 앉아도 더 이상 편하게 이야기할 수 없었다. 민서가 정말 하고 싶은 이야기는 성적이나 학교 생활에 대한 보고가 아니었기 때문이다.

민서는 내가 운영하는 학원 상담실의 문을 두드렸다.

"엄마랑 대화가 너무 힘들어요. 엄마는 제가 시험에서 몇 점을 받았는지에만 관심이 있어요. 제가 학교에서 어떤 하루를 보냈는지, 친구들과 어떤 일이 있었는지는 물어보지 않아요. 시험을 못 본 날은 엄마의 얼굴을 보는 게 너무 두려워요."

관심 혹은 보고

민서와 엄마 사이의 대화는 표면적으로는 평범한 부모와 자녀 간의 일상적 소통처럼 보인다. 그러나 이 대화는 본래 소통이 지녀야 하는 목적과 의미에서 조금 벗어나 있다. 우리의 행동은 일상의 반복이 아니라, 자신이 누구인지를 드러내는 자기표현이다 그러나 엄마의 질문, "오늘 시험은 어땠어?", "점수는 얼마나 나왔어?"와 같은 말들은 관계를 이어가는 행위가 아니라 일종의 기계적이고 수단적인 '보고(report)'일 뿐이다. 아이의 경험에 대한 관심이 아니라, 단지 결과의 수치적 평가에만 초점을 맞추고 있다. 하지만 성적의 상승은 경험과 태도를 포함하고 있다. 우리가 사회에서 힘들어하는 이유는 회사의 부품이 되어서 수치적 결과로만 평가 받기 때문아닌가? 민서가 엄마 앞에서 느끼는 불안과 위축감은 소통이 아닌 보고에서 시작한다.

신뢰에서 오르는 성적

사람은 신뢰하는 타인에게 자신을 드러낼 수 있을 때, 비로소 자신의 존엄성과 고유성을 인정받는다. 민서의 엄마는 의도하지 않았더라도, 아이의 존재 자체보다는 성적이라는 결과에 초점을 맞추어 민서를 평가의 대상으로 만들어버렸다. 또한 민서의 엄마도 민서를 위한 대화였겠지만, 민감한 청소년 시기의 민서는 소통이라 생각하지 않았다. 민서는 자신을 점수를 높게 받으면 인정받고, 낮으면 실망을 줄 수밖에 없는 존재로 생각하며, 이에 따라 엄마의 기대나 신뢰가 흔들리는 것을 경험한다. 결국 자기 자신을 온전한 주체로서 드러낼 수 있는 가능성을 잃고, 단지 타인의 기대와 평가에 맞추기 위한 수단적 존재로 축소되는 결과가 야기되었다.

엄마와 민서가 나눠야 할 진정한 대화는 성적과 같은 외적 결과에 대한 단순 보고가 아니라 민서가 무엇을 느끼고 생각하는지, 자신의 경험을 통해 어떻게 자신과 세상을 이해하고 있는지에 대한 깊이 있는 관심과 공감을 포함해야 한다. 엄마가 던지는 질문은 결과가 아니라 아이의 '경험과 감정'을 향해야 하며, 아이는 소통을 통해 자신을 인정받는 기회를 갖게 된다.

나는 이 이야기를 듣고 민서의 엄마에게 조심스럽게 말했다.

"성적에 대한 집착은 아이와의 진정한 대화를 막습니다. 점수에 대한 질문을 던지기 전에, 오늘 하루 아이가 어땠는지 먼저 물어봐주세요. '오늘은 어떤 일이 있었어?' '뭐가 가장 힘들었어?' 이런 말들이 아이가 존중받는다는 생각을 갖게 됩니다. 대화가 살아나면 성적도 자연스럽게 따라옵니다."

민서의 엄마는 처음에는 그 말을 받아들이기 쉽지 않았다. 성적이 중요한 줄 알았고, 아이의 성공을 돕는 일이라 믿었기 때문이다. 하지만 엄마는 학교에서 돌아온 민서에게 성적이 아닌, 하루의 안부부터 물었다.

"오늘은 뭐 재미있는 일이 있었어?"

민서는 처음엔 당황스러워했지만, 차츰 그 대화에 익숙해졌다. 그리고 민서의 반응은 달라지기 시작했다. 시험이 끝난 날도 엄마의 질문이 두렵지 않았다. 점수가 낮게 나와도 솔직히 말하고, 그 이유에 대해서도 엄마와 편하게 이야기할 수 있게 되었다. 민서는 성적이라는 부담에서 벗어나, 엄마와의 관계에서 편안함을 느끼게 되었다.

성적은 아이와의 관계를 판단하는 기준이 아니다. 아이의 점수가 아닌 아이의 이야기를 들어야 한다. 성적은 아이의 이야기 중 일부이기에 자연스럽게 말하게 될 것이다. 그 이야기가 풍성해질수록 성적도 자연스럽게 좋아질 것이다. 부모와의 관계가 나쁜데 성적이 좋은 아이는 극히 드물었다. 대화가 살아있는 집에서 아이는 자존감을 키우고, 결국 스스로 성장할 수 있다.

| 06 |

성적보다 중요한 건, 지금 아이의 감정이다

 고등학교 2학년 유정이는 성적이 좋은 편이었다. 평소에는 밝고 명랑한 아이였지만 시험만 다가오면 불안한 표정이 얼굴에 나타났다. 성적표를 받아든 날이면, 집으로 가는 발걸음이 무거웠다. 점수가 조금이라도 떨어지면 엄마의 실망스러운 표정을 보는 게 두려웠기 때문이다. 엄마는 늘 유정이를 아끼고 사랑했지만, 성적이 나오면 자신도 모르게 "이번엔 왜 떨어졌니?", "다음엔 더 잘해야지." 같은 말을 반복했다.

유정이 같은 사례를 많이 봤다. 엄마는 격려와 관심으로서 던진 말이었지만, 아이들은 스스로의 감정을 숨기고 억누르려 했다.

어느 날 유정이는 학교에서 시험 성적이 기대보다 낮게 나왔다는 이유로 학원 친구들 앞에서 자꾸 눈물을 보였다. 나는 그 소식을 듣고 상담을 시작했다. 처음에는 유정이가 말을 잘 꺼내지 못했다. 어렵게 입을 열어 작은 목소리로 말했다.

"성적이 떨어지면, 엄마가 저를 덜 사랑할까 봐 두려워요. 사실 저는 시험이 어려운 게 아니라, 엄마의 마음을 실망시키는 게 더 힘들어요. 저도 성적이 떨어지면 힘든데, 엄마가 내 마음을 알아줬으면 좋겠어요."

성적이 중요한 것은 맞지만, 아이에게 진짜 필요한 건 '점수'에 앞서서, '감정의 지지'다. 안정적인 환경이 될수록 아이는 마음편히 공부에 집중할 수 있다. 불안한 환경에서 일을 잘 해내는 사람은 없다. 민감한 아이들은 감정적 안정이 더 중요하다. 성적을 올리고 싶다면, 시험 성적이 아닌, 잘 보고 못 보고를 떠나, 지금 아이가 어떤 감정을 느끼는지를 먼저 헤아려야 한다. 아이의 불안을 인정해주고, 괜찮다고 말해줄 때 비로소 아이는 진정한 힘을 얻을 수 있다.

감정의 지지? 조건부 사랑

문제는 아이가 느끼기에 부모에게 받는 관심이 '성적'이라는 특정 조건에 의해 좌우된다는 근본적인 의심과 연결되어 있다. 에리히 프롬은 《사랑의 기술》에서 사랑을 두 가지 형태로 구분한다. 간략히 소개하자면 하나는 조건부로 제공되는 사랑, 즉 어떤 조건이나 기대를 충족시켜야만 받을 수 있는 사랑이며, 다른 하나는 아무런 조건 없이 존재 자체를 인정하고 사랑하는 존재 중심의 사랑이다.

유정이의 엄마는 의도하지 않았지만, "이번엔 왜 떨어졌니?", "다음엔 더 잘해야지"와 같은 말을 반복하면서 조건부 사랑의 메시지를 전달하고 있었다. 적어도 아이가 느끼기에는 지지보다는 조건에 가까웠다. 엄마는 아이를 아끼고 사랑한다고 생각했지만, 유정이는 무의식적으로 '엄마가 나를 사랑하는 이유는 내가 좋은 성적을 받기 때문'이라고 받아들였다.

존재 중심의 사랑은 아이의 성적이나 성취 여부에 따라 달라지지 않는다. 그 사랑은 아이가 성적을 잘 받든 못 받든, 성공하든 실패하든 상관없이 아이가 그 자체로서 충분히 사랑받을 가치가 있음을 전한다. 유정이가 진정으로 원했던 것은 바로 이 존재 중심의 사랑이었다. 유정이는 상담실에서 조용히 말한 "성적이 떨어지면 엄마가 저를 덜 사랑할까 봐 두려워요."는 성적 그 자체가 아닌, 성적과 연결된 사랑의 조건이 아이의 내면적 고통을 만들어낸 진정한 원인이었다.

결국 부모가 아이에게 줄 수 있는 가장 건강한 사랑은 어떤 성취나 조건에도 얽매이지 않는, 아이 존재 자체를 위한 조건이 없는 사랑이다. 성적표 위의 숫자가 아니라, 아이의 감정을 읽고 이해하며 지지하는 것이 프롬이 말하는 진정한 사랑의 본질이다. 유정이의 엄마가 성적표 대신 아이의 얼굴을 먼저 바라보며, "시험 보느라 힘들었겠구나."라고 말할 수 있었다면, 유정이는 시험 결과와 상관없이 자신이 사랑받고 있음을 확신할 수 있었을 것이다. 아이의 삶과 자존감을 회복시키는 진정한 사랑이자 가장 깊은 위로이다.

상담 후 유정이는 용기를 냈다. 조금씩 자신의 감정을 엄마에게 털어놓기 시작했다. 시험 전 불안한 마음, 공부가 어려워서 답답했던 순간들, 엄마에게 말하지 못했던 여러 가지 감정들을 비로소 솔직히 이야기할 수 있었다. 유정이의 용기는 엄마도 변화

시켰다. 성적 뿐만 아니라 유정이의 기분도 엄마는 돌아보기 시작했다. 엄마의 변화는 유정이에게 큰 위로가 되었고, 아이는 점점 자신의 내면을 건강하게 돌볼 줄 아는 사람이 단단한 사람이 되어갔다.

성적이 아니라 지금 아이가 어떤 감정을 느끼는지를 먼저 살펴야 한다. 성적은 그 다음에 이야기해도 늦지 않다. 성적은 한 번 떨어지더라도 다시 회복할 수 있지만, 아이의 마음에 생긴 상처는 쉽게 회복되지 않는다.

쉬는 시간 01 ─────────

아이의 침묵에 대해

침묵은 단순히 말이 없는 상태가 아니라, 언어로 표현할 수 없는 어떤 심오한 감정이나 생각이 존재한다는 것을 드러내는 상태다. 오히려 이 순간은 아이가 적극적으로 무언가를 표현하는 것으로 봐야 한다. 단순히 할 말이 없다는 뜻이 아니다. 아이 안에 그 무엇도 표현할 수 없을 만큼 깊은 내적 갈등과 고민이 있음을 나타내는 시그널이기도 하다.

상담실에서 만나는 아이들 중에도 많은 아이가 처음에는 말을 하지 않는다. 아이는 자신만의 세계를 드러내야 할지 고민하거나, 혹은 그 고민이 언어로 드러낼 수 없을 만큼 복잡하고 깊은 고통으로 가득 찼을 가능성도 있다. 아이의 침묵은 곧 아이의 가장 내밀한 외침인 셈이다. 아이는 말하지 않음으로써 오히려 더 강력하게 자신의 고통을 표현하고 있을 수 있다.

이런 아이에게 부모나 교사가 가장 먼저 해야 할 일은, 성급히 말을 끌어내는 것이 아니라 아이의 침묵을 인정하고 기다리는 일이다. 침묵을 깨려는 조급한 질문은 아이에게 오히려 더 큰 압박과 불안을 준다. 오히려 질문자의 조급함이 아이의 입을 더 닫게 만드는 경우도 있다. 상담을 중 말을 하지 않는 아이 한 명이 "기다리게 해서 죄송해요."라고 말한 적도 있다. 아이도 침묵을 알고 있고, 이로 인해 주변이 불편하다는 사실을 알고 있다. 다만 언어로 준비되지 않았을 뿐이다.

아이의 내면이 말을 걸 준비가 될 때까지 기다려주는 것, 그리하여 아이가 스스로 말을 꺼낼 수 있도록 하는 것, 이것이 아이의 침묵을 진정으로 듣는 방법이다.

2교시

중, 고등학생이 되면 달라지는 것들

| 01 |

사춘기는 공부보다
감정을 먼저 휘젓는다

스스로를 잘 모르는 예민한 아이

중학교 2학년인 다연이는 최근 들어 부쩍 예민해졌다. 초등학교 때까지는 엄마와 이야기도 잘하고, 사소한 일로 웃기도 했던 아이였다. 하지만 중학교에 올라가자 아이는 말수도 줄고 짜증도 자주 냈다. 특히 시험기간이 되면 아이는 방에서 나오지 않고,

밥도 잘 먹지 않았다. 엄마는 아이의 변화가 낯설고 당황스러웠다.

"다연아, 무슨 일 있어?"

라고 물으면 아이는 문을 닫으며 퉁명스럽게 답했다.

"아무것도 아니라고요."

아이들이 중학생이 되면서 갑자기 변하는 이유가 성적 문제가 아니라, 사춘기라는 혼란스러운 감정 때문이다. 이 시기에 학원에서도 교우 관계나 선생님과 관계가 틀어지기도 한다. 어른들은 아이의 예민함과 짜증이 공부 때문이라 오해하지만, 사실 아이들은 그 시기에 자신의 감정을 제대로 설명할 수 없어서 더 괴로워한다.

<약한 영웅>이라는 드라마는 이 모습을 잘 그려 놓았다. 세 친구, 시은, 범석, 수호가 막역하게 지내다가 한 명이 다른 친구를 질투해 셋의 관계가 어그러지는 과정을 볼 수 있다. 범석이라는 친구는 수호라는 친구를 질투해 불량배들에게 수호를 때려 눕혀 달라고 한다. 불량배들에 의해 수호는 결국 식물인간이 되고, 분노한 시은은 범석의 멱살을 잡는다. 범석은 눈물을 흘리며 말한다.

"나도 모르겠다고."

다연이 역시 엄마가 보기엔 성적 스트레스가 아이를 흔드는 것처럼 보였다. 하지만 실제로 아이는 사춘기라는 낯선 변화 속에서 스스로도 이해하기 어려운 감정의 혼란을 겪고 있었다. 자신이 왜 그런 행동을 하는지 몰랐고, 작은 일에도 기분이 상하고, 아무것도 아닌 일에도 짜증을 냈다. 다연이는 이런 자신이 어색하고 불편한데, 엄마가 자꾸 성적 이야기를 꺼낼 때면 아이는 더 숨이 막혔다.

다연이는 나에게 속마음을 털어놓았다.

"선생님, 저도 제가 왜 이러는지 모르겠어요. 그냥 모든 게 싫고, 엄마랑 말하기도 싫고, 공부는 더 하기 싫어요."

이 말을 듣고 다연이의 엄마와 조심스레 이야기를 나누었다.
"지금 다연이는 중학생이 되면서 자기도 모르는 사이에 감정이 먼저 흔들리고 있어요. 이때 공부나 성적 이야기는 아이를 더 멀어지게 할 수 있습니다."

필연적인 혼돈

아이가 성숙해지기 이전에는 늘 내면의 혼돈을 마주한다. 모든 인간은 자신 안의 혼돈을 피할 수는 없다. 자신도 모르는 혼돈을 직면하고 통과함으로써만 성장을 한다. 다연이의 경우, 아이가 느끼는 불안과 짜증은 단순한 예민함이 아니라, 자신의 정체성을 형성하는 과정에서 겪는 내면의 격렬한 혼돈 상태로 보인다. 마치 번데기가 고치를 찢어나가는 단계이다. 이 시기의 아이들은 자기 자신도 이해하지 못하는 낯선 감정들과 마주하며, 내면에서 끊임없이 자신을 재정립하려고 투쟁한다. 모든 부모들이 이 과정을 통과했듯 말이다. 하지만 우리 어른들은 이런 과정을 자주 잊는다. 아이의 이런 감정 변화를 이해하지 못하고 성적과 같은 외부적 요인에 초점을 맞추는 실수를 한다. 그러나 아이에게 가장 필요한 것은 부모가 아이의 혼란을 인정하고 그 혼돈 자체를 가치 있는 성장의 과정으로 바라보는 시선이다.

"저도 제가 왜 이러는지 모르겠어요."라는 말은 다연이가 경험하는 한 번도 경험하지 못한 것들 사이에서 자신을 발견하는 과정이다. 겪고 있는 혼란의 본질은 외부의 압력이 아니라, 아이의 안에서 발생하는 내면의 혼란 때문에 외부에서 어떻게 대처할 수 없다. 니체의 말에 따르면 이런 혼돈은 오히려 삶의 강력한 에너지로 작용할 수 있다. 이 혼돈을 제대로 이해하고 극복하는 과정을 통해 아이는 진정한 자기 자신을 발견할 수 있기 때문이다.

> 나는 너희에게 말한다. 사람은 자신 안에 아직 '혼돈'을 간직하고 있어야 한다. 그래야 '춤추는 별'을 낳을 수 있다.
>
> 프리드리히 니체

아이의 혼돈 이애하기

부모가 할 일은 명확하다. 성적 문제로 환원시키는 것이 아니라, 아이의 내면에서 벌어지고 있는 혼돈을 이해하고 공감하는 것이다. 오히려 혼돈 속에서 자신의 정체성, 즉 자신의 삶의 살 수 있도록 격려하는 역할이 성장 과정에 필요하다. 부모가 아이의 혼돈을 받아들이고 기다려주는 순간, 아이는 좀 더 편하게 자기 자신을 극복하며 스스로 정체성을 확립하는 길로 나아갈 수 있다.

나는 더러 공부를 잘하는 애들을 본다. 하지만 공부를 잘 하더라도, 스스로 어떤 사람인지, 무엇을 좋아하는지 모르는 학생이 많다. 좋은 학교를 가더라도 나중에 학원에 스승의 날에 찾아와서는 자신이 어떤 사람인지 모르겠다는 학생도 본 적 있다. 혼돈을 적극 수용하게 독려하고, 최소한의 자기 지침을 지켜나가도록 하면 자발적으로 자신의 삶을 개척해나가는 아이를 볼 수 있다.

자녀를 위한 10분 루틴

아이의 혼돈은 고치기보다 '견디게 해 주는 귀'가 필요하다.

방법(단 10분)

- 선언: 타이머 켜고 대화하기. "지금 10분은 네 시간, 나는 듣기만 해."
- 침묵: 아이가 말하는 동안 평가·비교·조언·'왜?' 질문 금지. 고개 끄덕임과 짧은 추임새만.
- 반영 2문장: 타이머가 끝나면 딱 두 줄. "네 말의 핵심은 ○○와 △△. 지금 감정은 □□로 들려."
- 선택권 부여: "오늘 내가 해줄 건 듣기/정리/해결 중 하나만. 무엇이 필요해?"
- 마무리 한 줄: 아이가 스스로 정한 내일 한 걸음을 한 줄로 적게 하고 끝. "실패해도 내일 다시 10분."

| 02 |

아이가 말이 없어진 건 공부 때문이 아니다

침묵하는 아이

중학교 1학년인 지후는 최근 들어 말수가 눈에 띄게 줄었다. 초등학교 때만 해도 학교에서 있었던 일을 엄마에게 시시콜콜 이야기하는 아이였는데, 중학생이 된 후부터는 엄마가 말을 걸어도 간단히 대답하거나 무심하게 넘어가는 일이 많아졌다. 엄마는 아이의 태도가 답답하고 걱정스러웠다.

"학교에서 무슨 일 있었어?"

지후는 단지 고개만 저었다.

지후에게 나중에 들은 이야기는 충격적이었다.

"엄마가 자꾸 질문을 하시는데, 제가 뭘 대답해야 할지 모르겠어요."

아예 어떤 답을 해야할지 몰랐던 것이다.

아이가 자꾸 삐지는 이유

아이들은 자주 삐지는 척 혹은 정말로 삐지며 부모와 긴장관계를 유발한다. 이는 아이 자신이 가지고 있는 주체성을 부모의 권위보다 우선으로 두고 싶어하기 때문이다. 물론 부모의 기분은 나쁠 수 있다. 하지만 가만히 생각해보면 아이가 스스로 독립성을 가지려는 행동으로 볼 수도 있다. 아이들은 독립성을 얻으려는 과정에서 자신이 가진 힘과 영향력을 시험하기 위해 부모에게 저항하거나 반항한다. 즉, 아이의 반항은 단순한 문제 행동이 아니라, 자신의 존재를 인정받고 스스로 결정할 수 있는 독립성을 찾으려는 내면의 필연적 요구일 수 있다.

에히리 프롬이 《자유로부터의 도피》에서 밝혀냈듯 모든 사람은 태어나면서부터 독립과 자유를 추구한다. 하지만 동시에 독립이 가져오는 불확실성과 고립감에 두려움을 느낀다고 말한다. 사춘기의 아이가 보이는 반항은 바로 이 두 가지 욕구 사이에서 벌어지는 내적 긴장과 갈등의 표현일 수 있다. 아이는 부모로부터 벗어나 독립적 존재로 서고 싶지만, 동시에 독립이 가져오는 불안과 책임감을 견디기 어려워 부모와 계속 갈등하고 저항한다.

부모는 아이가 독립적인 주체로 성장하기 위해, 이 과정을 반드시 거쳐야 한다. 통과의례인 셈이다. 부모가 이 반항을 억누르거나 처벌한다면 독립이나 주체성을 기르는데 문제가 생길 가능성이 높다. 가정에서는 아이보다 부모의 권위가 높기 때문에 어쩔 수 없는 수용도 일어난다.

지후의 엄마는 아이가 말을 하지 않으면 더 적극적으로 질문하거나 성적 문제를 의심했다. 엄마의 질문이 계속될수록 아이는 더 위축됐고, 자기만의 공간에 더 깊이 들어갔다. 내가 파악하기로는 아이가 침묵하고 반항한다고 해서 반드시 무슨 문제가 있는 것은 아니었기에, 엄마에게 시간을 두고 대화의 방식을 바꿔보는게 어떠냐고 말했다. 의도는 같아도 태도만 바꾸면 아이와 관계에서 많은 일이 해결된다.

엄마는 나의 조언을 따라 아이와의 대화 방식을 바꾸었다. 더 이상 "무슨 일이야?" 하고 다그치지 않고, 대신 "쉬는 시간엔 친구들이랑 뭐했니?"처럼 부담 없는 이야기를 건넸다. 지후는 갑자기 바뀐 엄마가 어색했지만, 어느 순간부터 자연스럽게 자신의 이야기를 꺼내기 시작했다. 사소한 질문을 통해 아이의 입이 다시 열리기 시작하자, 엄마와 아이 사이 어색했던 공기가 점차 사라지고 편안한 대화가 가능해졌다.

| 03 |

"너 요즘 뭐하니?"가
불편한 질문이 된 이유

정서적 거리가 느껴질 때

중학교 2학년인 민서는 요즘 들어 엄마와의 대화를 자꾸 피한다.

"민서야, 요즘 뭐하고 지내니?"

"그냥요."

엄마가 건네는 일상적인 질문에도 민서는 예민하게 반응하며 짧게 답했다.

사실 엄마는 그 말이 단지 아이의 하루를 묻는 가벼운 관심이었다. 하지만 민서에게 그 질문은 어느 순간 부담스러운 평가처럼 느껴지기 시작했다.

부모들이 일상적으로 하는 "요즘 뭐하니?"라는 질문이 아이에게는 결코 가벼운 질문은 아니다. 아이에겐 마치 채근하는 듯 들린다. 종종 아이에게 '지금 너는 제대로 하고 있니?'라는 평가의 의미로 전달된다. 부모의 의도와는 달리, 아이는 스스로 자신이 부족하다는 느낌을 받게 되고 점점 더 움츠러들게 된다.

엄마는 민서의 하루가 궁금했을 뿐이지만, 아이 입장에서 그 질문이 어떻게 들렸을지 생각하지 못했다. 함께 상담을 온 엄마는 옆에서 민서의 말을 잠자코 들으셨다. 다른 엄마 같으면 "너는 왜 엄마 마음을 모르니?"라고 핀잔을 주었을 수 있다. 이후 엄마가 입시설명회에 오셨는데, 민서와 관계가 좋아졌다고 말씀하셨다. 같은 의미여도 평가가 아닌 공감과 관심을 표현하려 노력했다고 하셨다. 당연히 민서는 어색해했다. 심지어 엄마가 이상해졌다고 생각도 했다고 한다. 하지만 아이는 엄마의 질문이 자신을 평가하지 않고 자신의 이야기를 그저 듣고 있다는 사실에 점차 마음의 문을 열었다. 엄마의 질문이 평가가 아닌 진심 어린 관심임을 드디어 깨닫게 되었다.

의도와 다른 전달

민서와 엄마 사이의 소통 문제는 흔히 부모들이 간과하기 쉬운 문제다. 엄마는 "요즘 뭐하고 지내니?"라는 질문을 단지 아이에 대한 가벼운 관심으로 던졌지만, 민서에게는 그 질문이 평가와 심판처럼 느껴졌다. 왜 이런 일이 벌어졌을까?

인간의 관계는 윤리를 바탕으로 형성된다. 하는 말 속에서 태도, 어투를 통해 자신이 존중 받는지 확인한다는 점이다. 즉 말하는 사람에게 대상으로 하여금 존중을 받도록 대화해야한 것이다. 돌려 말한다고 해서 못 알아 듣는 사람은 없다. 인간의 언어는 단순하게 단어의 나열로만 구성하지 않고, 표정이나 몸짓, 즉 표현되는 방식을 통해 전달된다. 아무리 어린 아이라도 표현이 자신을 존중하는지 안다.

민서가 엄마의 질문에 불편함을 느꼈던 이유는 엄마의 질문에서 자신을 진정 존중하는 것이 아닌, 평가와 판단의 대상처럼 느껴졌기 때문이다. 민서는 엄마가 던진 질문 속에서 '지금 너는 제대로 하고 있느냐?'라는 숨겨진 메시지를 읽었다. 자신의 존재가 평가 기준에 따라 가늠되는 대상으로 전락하는 느낌을 받았을 것이다. 같은 말이라도, '요즘 뭐하니?' 와 '오늘은 학교에서 어떤 일이 있었니?'는 확연한 차이를 보인다.

아이 존중을 위한 세 가지

존중하는 방법은 세가지로 생각할 수 있다.

1. 아이의 감정을 인정하고 받아주기

부모가 아이의 반항을 단지 나쁜 행동으로 간주하는 대신, 아이가 느끼는 감정과 욕구를 인정하고 공감할 때, 아이는 자신이 이해받고 있음을 느끼고 반항적 태도를 누그러뜨릴 수 있다.

2. 아이가 선택하고 결정할 수 있는 자율성 부여하기

부모가 일정 부분의 자율성을 아이에게 허용할 때, 아이는 독립에 대한 욕구를 긍정적이고 건강한 방식으로 충족할 수 있으며, 반항을 통해 힘을 입증할 필요가 줄어든다.

3. 힘겨루기보다 협력과 타협의 방식으로 접근하기

부모가 아이와 권력 싸움을 벌이는 대신 함께 문제를 논의하고 타협점을 찾아가는 태도를 유지할 때, 아이는 부모와의 관계에서 자신을 동등한 존재로 느끼며 반항할 필요를 덜 느끼게 된다.

중학생이 되면 아이는 더욱 민감해지고 부모의 작은 질문에도 쉽게 상처받는다. 중요한 것은 질문을 하지 않는 것이 아니라, 어떤 질문을 던지는지도 중요하다. 평가가 아닌 공감의 질문 하나가 아이의 마음을 움직인다. 같은 의미라도 존중하는 태도가 부모와 아이 사이에 진짜 대화를 시작하게 한다는 사실을 잊지 말아야 한다.

| 04 |

몰래 핸드폰 보며 무기력해지는 아이

핸드폰이 잘못일까?

중학교 3학년 유빈이는 요즘 들어 부쩍 스마트폰을 자주 들여다본다. 학교에서 돌아오면 책상 앞에 앉는 척 하지만, 엄마가 방에 들어가보면 책은 덮여 있고 아이는 핸드폰 화면만 보고 있다.

"유빈아, 공부는 안 하고 뭐 하는 거야?"

잔소리를 하면 아이는 금세 짜증을 내며 방문을 닫는다. 엄마는 그런 유빈이를 보며 걱정이 앞섰다. '이러다가 공부도 손에서 놓을 것 같아…'라는 불안이 커졌다.

대부분의 아이들은 불안하고 무기력할 때, 자기 감정을 해소하는 방법을 찾지 못한 채 스마트폰에 의지한다. 스마트폰은 잠시나마 현실에서 도망칠 수 있는 도피처였고, 아이들은 그것을 통해 스트레스를 해소하려 한다. 비슷한 상담을 진짜 많이 해봤지만, 모두 대답은 비슷하게 한다.

"공부해야 하는 건 저도 알아요. 그런데 책상 앞에 앉으면 그냥 모든 게 하기 싫어져요. 뭐라도 해야 하는데, 그게 너무 버거워서 스마트폰을 봐요. 그 시간이 제겐 쉬는 시간 같아요."

나는 유빈이가 한 말을 엄마에게 자세히 전했다.

의지력 문제

유빈이가 책상 앞에 앉아 공부 대신 스마트폰을 선택하는 것은 단순히 의지력의 문제가 아니라, 현대의 아이들이 처한 상황을 드러낸다. 현대 아이들은 지루함과 자극 사이를 오간다. 지속적인 자극과 즉각적인 만족을 추구하는 매체와 기술에 의해 지배되면서, 의미 있는 사유와 깊은 몰입의 기회를 잃어버리고 있다. 아이의 문제는 아닌 게, 기술이 사람들이 계속 핸드폰에 집중하도록 설계되었다. 《도둑맞은 집중력》의 후반부를 살피면 핸드폰의 스크롤링이 인간의 정신력을 흐트러 뜨리고, 다른 것에 집중할 수 없게 만든다고 했다. 그렇게 고안된 기술은 더 많은 시간을 핸드폰에 쏟게 한다.

유빈이의 말, "책상 앞에 앉으면 모든 게 하기 싫어지고, 스마트폰을 보는 시간이 쉬는 시간 같다."는 표현은 바로 현대인이 노출된 지속적인 자극을 잘 드러낸다. 유빈이는 자신도 모르는 사이, 깊은 몰입과 생각을 요구하는 공부가 불편하고 견디기 힘든 상태가 되어버렸다. 공부와 달리 스마트폰은 즉각적인 위안과 안정을 제공한다. 그러나 이 안정은 피상적이고 일시적이며, 근본적인 불안과 공허감을 해결해 주지 못한다.

부모들은 흔히 아이들이 스마트폰을 하는 것을 단지 '게으름'이나 '의지력 부족'으로 간주하고 꾸짖는다. 그러나 유빈이가 스마트폰을 보는 행동은 결코 단순한 의지 부족의 문제는 아니다. 자신이 감당할 수 없는 지루함과 무기력으로부터의 도피 행위로 해석할 수 있다. 아이들은 점점 자신과 진지하게 마주하는 시간을 어려워하고, 즉각적인 만족과 자극으로 도피하는 것이다.

따라서 부모는 아이가 느끼는 지루함과 무기력의 근본 원인을 이해하고, 아이 스스로가 자기 내면과 마주할 수 있는 기회를 마련해 줘야한다. 유빈이가 진정으로 필요로 하는 것은 단지 스마트폰을 제재하는 것이 아니라, 자신이 겪고 있는 내적 공허와 불안을 이해하고 인정받는 경험이다.

유빈이의 엄마는 처음엔 당황했지만 이내 깊은 생각에 잠겼다. 아이가 무기력해져가는 진짜 이유가 마음의 불안과 피로 때문이라는 것을 미처 생각하지 못했다. 학원에서도 핸드폰 사용은 문제가 되기 때문에 유빈이 엄마와 아이를 돕기 위해 다음의 과정을 거쳤다.

아이의 내면 공허와 불안을 이해하고 함께 극복하기

부모라면 누구나 자녀가 겪는 내면의 공허함과 불안을 목격할 때 걱정이 앞선다. 특히 중, 고등학생 시기에는 무기력과 지루함을 호소하며 스마트폰에만 몰두하는 모습을 보이기도 한다. 이럴 때 겉으로 드러나는 스마트폰 사용만 문제 삼기보다, 그 이면에 숨겨진 아이의 감정과 심리적 필요를 이해하려는 노력이 중요하다.

- 스마트폰 통제보다 아이 마음을 먼저 이해하기

내면의 원인에 주목하기: 청소년들은 때때로 스마트폰과 같은 자극에 과의존하며 무기력과 지루함을 달래려 한다. 하지만 전문가들은 이러한 행동 뒤에 우울감이나 공허감 같은 깊은 감정이 숨어 있을 수 있다고 지적한다. 실제로 현대의 MZ세대는 어릴 때부터 디지털 기기에 익숙한 환경에서 자라나 만성적인 불안과 무기력을 보이는 경우가 많다. 중요한 것은 스마트폰 자체만을 문제시하는 것으로는 충분치 않다는 점이다. 한 연구에서는 "인터넷 중독 때문에 우울해지는 게 아니라, 우울하기 때문에 인터넷에 의존하게 된다."고 지적했다.[1]

결국 아이의 스마트폰 집착은 단순한 버릇이 아니라 내면의 공허를 메우기 위한 수단일 수 있다는 뜻이기도 하다. 부모가 스마트폰 사용만 억압한다면 아이는 근본 원인인 심리적 허탈감을 해결하지 못한 채 더 큰 반발이나 좌절을 느낄 수 있다.

- 무기력과 지루함의 본질 헤아리기

아이가 "아무 의욕이 없어" 혹은 "심심해 죽겠어"라고 말할 때, 그 말 속에는 삶의 의미와 즐거움을 찾지 못한 답답함이 담겨 있을지 모른다. 심리학에서는 이런 상태를 '실존적 공허'라고 부르는데, 이는 삶의 이유와 목적을 잃었을 때 느끼는 공허감을 뜻한다. 반복적인 동영상 시청이나 게임으로 시간을 보내도 마

---

[1] 세계일보, "〈10대 '흐림'〉 ③ '가면 쓴' 청소년 우울증," 세계일보, 2011년 11월 1일

음 한켠의 허전함이 채워지지 않는다면, 이는 새로운 자극을 찾아도 만족을 얻지 못하는 악순환에 빠졌음을 시사할 수 있다. 실제 연구에 따르면 지루함을 달래려 스크롤을 내리던 십대들이 오히려 사용 후 더 큰 권태와 무의미를 느끼는 경향이 있다.[2]

- 부모의 대화 시도

아이의 무기력과 지루함이 어디에서 오는지 알아본다. 하루 중 어느 순간에 특히 지루해하는지, 무엇을 할 때 생기가 돌고 언제 의욕을 잃는지 대화를 통해 물어봐야 한다. "요즘 마음이 어떠니? 많이 심심하거나 의욕이 없다고 느껴질 때가 언제야?" 처럼 아이의 상태를 솔직히 이야기할 기회를 주는 것이 좋다. 스마트폰 사용 시간만을 두고 다투기보다, 왜 아이가 그렇게 스마트폰에 끌리는지 이유를 함께 탐색해야한다. 이를 통해 부모는 아이의 내적 갈등을 이해하고 공감할 수 있고, 아이도 자신이 무엇 때문에 힘든지 스스로 성찰하는 계기를 얻을 수 있다. 그러면 비로소 스마트폰이라는 겉달콤한 탈출구 대신, 아이 스스로 의미를 느낄 수 있는 무언가를 찾도록 이끌어줄 실마리가 생길 것

---

2   더글라스 옐로리스 박사 (Yellowlees Douglas, Ph.D.), "Compulsive Smartphone Use: Boring Ourselves to Bits," Psychology Today, 2024년 11월 29일

이다.

아이가 감정을 표현할 수 있는 안전한 공간 만들기

- 심리적 안전지대 조성하기

아이가 자신의 감정을 마주하고 표현하려면 집이 심리적으로 안전한 공간이어야 한다. 일부 아이들은 속마음에 큰 불안과 슬픔이 있어도 겉으로는 아무렇지도 않은 듯 지내는데, 이는 감정을 드러냈다가 상처받은 경험 때문일 수 있다. 실제로 아이들이 감정을 좀처럼 표현하지 않는 경우, 그 배경에는 표현했다가 거절당하거나 혼날지 모른다는 두려움이 자리한다.[3] 아이는 부모로부터 "화내거나 속상해하면 벌을 받을지도 몰라."라는 신호를 받으면, 차라리 아무 느낌 없는 척 마음의 문을 닫아버린다. 따라서 부모는 아이의 어떤 감정이라도 환영한다는 메시지를 꾸준히 전달할 필요가 있다.

- 감정에 '좋고 나쁨'의 꼬리표 달지 않기

부모가 아이의 감정을 받아주는 첫 걸음은, 아이가 표출하는

[3] "감정을 좀처럼 표현하지 않는 아이들, 그 원인은," 크리스천투데이, 2022년 11월 22일

감정에 판단이나 평가를 끼우지 않는 것이다. 아이가 우울함을 느끼든, 분노를 표출하든 그것을 "옳다, 그르다."로 재단하지 않고 그대로 인정해주는 태도가 중요하다. 감정에는 좋고 나쁜 이분법적 잣대를 버리고 아이의 감정을 읽어 그대로 반영해 주는 것이 바람직하다.

예를 들어 "속상했겠구나.", "많이 답답했을 거야."와 같이, 아이의 내면 상태를 거울 처럼부모가 있는 그대로 표현해 줘야한다. 부모가 먼저 아이의 감정을 솔직히 불러주면, 아이도 자신의 감정을 안전하게 느끼고 표현할 수 있다.

- 감정 표현 연습과 경청

가정에서 할 수 있는 작은 실천으로, 매일 한두 번 '감정 묻기' 시간을 가져보는 것이 좋다. 학교에서 돌아온 아이에게 "오늘 어떤 느낌이 제일 많이 들었어?"라고 부드럽게 물어보고, 아이가 말문을 열면, 절대 끼어들지 말고 끝까지 경청해야한다. 재촉하거나 윽박지르면 안된다.

부모의 반응이 중요하다. 아이가 어떤 부정적인 감정을 털어놓더라도 놀라거나 화내지 말고 그대로 받아들이는 연습이 필요하다. 이를테면 "그런 일을 겪어서 너무 화가 났겠구나. 그럴 수 있어."라고 말하며 공감어린 눈맞춤과 고개 끄덕임으로 아이의 마음을 확인해주는 것이다. 부모가 감정의 안전망이 되어 줄 때, 비로소 아이는 마음 깊은 곳의 불안까지도 서서히 꺼내 보일 수 있다.

비난보다 공감을 선택하는 부모의 태도

- 무조건 고치려 들지 않기

부모는 아이가 힘들어하면 어떻게든 문제를 해결해 주고 싶은 마음이 앞선다. 내면의 문제는 지적이나 처방으로 쉽게 고쳐지지 않는다. 때로는 부모의 조급한 충고나 "정신 차려라." 같은 말이 오히려 아이에게 비난이나 압박으로 느껴질 수 있다. 아이의 변화를 돕고 싶다면, 우선 아무런 조건 없이 지금의 모습을 받아들이는 태도가 필요하다.

부모의 인내가 동반된 포용적 자세는 아이가 스스로를 돌아보고 변화하려는 동기를 얻게 된다. 가르치는 것만이 답은 아니다. 반대로 부모가 노골적으로 실망한 기색을 보이거나 "네가 문제야."라는 뉘앙스를 풍기면, 아이는 방어심리로 마음의 문을 닫고 부모와 멀어질 수 있다.

공감어린 대화를 통해 아이는 자신이 존중받고 있음을 느끼고, 있는 그대로의 모습도 괜찮다고 여길 수 있다. 연구에 따르면 부모가 공감적으로 자녀를 대할 때 청소년은 '있는 모습 그대로 존중받는다'는 느낌을 받고 자존감이 향상된다고 한다. 모든 부모들은 알지만 실행하기가 쉽지 않은 것은 사실이다. 그럼에도 불구하고 아이의 자존감을 위해 부모가 인내해볼만 하다.

내적 성찰과 몰입을 위한 시간 마련하기

- '혼자 있는 시간'의 가치

아이가 자기 내면과 마주할 수 있는 시간을 갖도록 돕는 것은 무척 중요하다. 바쁜 학업 일정과 학원으로 쉴 틈 없는 생활을 하는 청소년일수록, 마음 챙길 여유를 잃기 쉽다. 아이가 매 순간 누군가와 있거나 화면에 몰입해 있다 보면, 정작 자기 자신의 생각과 감정을 돌볼 기회가 없어진다. 부모로서는 아이에게 건강한 홀로 있음의 가치를 알려줄 필요가 있다. 연구에 따르면 혼자만의 시간은 정신건강에 여러모로 유익하며, 이때 사람은 긴장을 풀고 깊이 있는 생각을 하게 되고 자신의 내적 세계를 발견하는 계기를 얻는다고 한다.

다만 혼자 있는 시간에 꼭 생각만 해야하는 것은 아니다. 마치 생각 의자처럼 혼자 보내는 시간처럼 벌을 내리는 것은 아니다. 오히려 자발적으로 자신의 시간을 보내도록 돕는 것이다. 잠깐 자전거를 타고 동네를 돌거나, 방에서 음악을 들으며 멍하게 창밖을 보는 시간조차 두뇌 기능을 향상시키고 스트레스를 낮추는 효과가 있다.

- 아이가 몰입할 수 있는 활동 찾기

내면 성찰의 시간은 단순히 아무것도 하지 않는 것으로 끝나지 않는다. 스포츠, 요리, 정원 가꾸기 등 손과 몸을 움직이는 일에서 몰입의 체험을 얻을 수도 있다. 이는 공부에 있어서도 공부를 지속할 수 있게 돕는다. 심리학자 칙센트미하이는 사람이 어떤 활동에 깊이 몰입할 때 행복감과 자기효능감이 커진다고 했지요. 무언가에 몰입하는 경험은 아이의 공허함을 채워주는 훌륭한 자양분이다. 아이 스스로 의미를 만드는 활동을 이어갈 수 있다. 또한 이러한 취미나 탐구 활동은 아이로 하여금 스마트폰을 사용하지 않고 할 수 있는 활동으로 자기만의 길에 한 발 더 다가서게 할 수 있다.

| 05 |

친구가 전부인 시기, 공부는 뒷전이 된다

갑자기 친구를 자주 만나는 아이

중학교 2학년 서연이는 얼마 전부터 갑자기 친구들과 어울리는 시간이 크게 늘었다. 초등학교 때는 늘 책상 앞에서 혼자 조용히 공부하는 모습을 보였던 아이였다. 그런데 이제는 저녁에도 친구들과 문자 메시지를 주고받고, 주말에는 카페나 쇼핑몰에서 친구들과 보내는 시간이 많아졌다. 엄마는 그런 서연이를 보며 속이 상했다. "서연아, 요즘 공부는 하고 있는 거야?" 하는 질문을 건네면 아이는 시큰둥한 표정으로 "알아서 할게요."라고만 답했다.

중,고등학교 시기의 아이들이 친구 관계에 얼마나 민감한지 자주 목격했다. 이 시기는 친구 관계가 아이의 모든 일상을 지배한다. 친구 관계에서 소외되지 않는 것이 공부보다 훨씬 중요한 일로 느낀다.

친구들 사이 인정받고 싶어하는 아이

몇해전 《인정 투쟁》이라는 책을 읽은 적 있다. 책은 인간이 관계 속에서 자신을 발견하고 존재감을 느끼기 위해 끊임없이 '인정'을 추구한다고 주장했다. 저자인 호네트에 따르면 인정받고자 하는 욕구는 단지 부수적인 감정이 아니라, 인간의 가장 본질적이고 근본적인 욕구이다.

서연이가 초등학교 때와는 달리 친구들과 보내는 시간이 많아진 것은 공부를 소홀히 하려는 것이 아니라, 친구들과의 관계 속에서 자신을 인정받고 존재감을 확인하려는 본능적 욕구 때문이다. 공부를 통해 자신의 존재를 확인하려는 것보다 친구를 통해 확인하려는 욕구가 큰 것이다. 서연이에게 친구 관계는 단순히 여가나 즐거움이 아니라, 자신의 존재와 정체성을 지켜주는 필수적인 '인정의 공간'이다. 아이가 상담 중에 말한 "지금 친구들과 잘 지내는 게 제일 중요하다."라고 한 말은 인정이 그 시기에 얼마나 중요한지 보여준다.

서연이의 엄마가 "공부는 하고 있는 거야?"라는 질문을 던질 때, 아이는 자신의 가장 본질적인 욕구가 무시당하고, 오로지 성적이라는 기준에 따라 평가되고 있다는 느낌을 받게 된다. 즉각적으로 '인정의 결핍' 상태를 만들어낸다. 아이는 자신이 중시하는 친구 관계가 엄마에게 충분히 존중받지 못한다고 느끼고, 점점 엄마와 거리를 두게 된다.

인정 욕구 바로 보기

부모가 해야 할 역할은 아이의 인정 욕구를 바로 보는 것이다. 그 안에서 아이의 자기 가치를 발견하도록 돕는 것은 이미 우리가 앞에서 살펴보았다. 다만 친구와 공부사이에서 저울질 하는 것은 그렇게 효과적인 방법처럼 보이지는 않는다. 아이가 친구들과의 관계에서 느끼는 인정과 소속감도 건강한 정체성과 자존감을 형성하는 밑거름이 되기 때문이다.

차라리 이럴경우에는 부모가 보이는 곳에서 아이들이 활동 할 수 있도록 환경을 조성해주면 좋다. 직접적으로 아이를 컨트롤하려 하는 것은 불가능할 뿐더러 반항하기 쉽다.

서연이 엄마는 다른 방식을 택했다. 아이가 친구들과 더 자주 연락하고, 친구들과 어울리는 시간이 많아진 이유가 단지 공부하기 싫어서가 아니라, 그만큼 친구 관계에 큰 의미를 두고 있기 때문이라는 사실을 알았다. 엄마는 환경을 바꾸기로 했다.

부모가 아이의 친구 관계를 우려할 때, 아이들은 자신이 선택한 친구들을 인정받지 못한다는 느낌을 받게 된다. 그럴 때 직접적으로 친구 관계를 제한하거나 비판하기보다, 아이가 자연스럽게 친구들과 함께 시간을 보낼 수 있는 환경을 마련해 주는 것이 좋다. 아이는 부모에게 자신의 인정욕구를 확인받아서 좋고, 엄마는 아이가 어떻게 행동하는지 확인 할 수 있기 때문에 좋다.

인정 욕구를 확인하는 말

아이가 밖에서 친구들과 활동 할 때는 간접적으로 확인하는 편이 좋다. "친구들이랑 있을 때 너가 정말 즐거워 보여서 보기 좋았어." 또는 "아까 친구들과의 대화가 참 재미있던데, 어떤 부분이 너한테 인상적이었니?" 와 같이 편안하고 부담 없는 질문으로 아이와의 긍정적인 대화를 이끌어내면 간접적으로 어떤 활동을 했는지 확인 가능하고, 아이와 공감대도 형성할 수 있다.

부모가 친구들을 포용하는 일은 좋은 관계 형성의 모델이 되어줄 수 있다. 부모 자신이 친구들과 서로 존중과 배려를 바탕으로 하는 관계를 유지하는 모습을 아이에게 보여줄 때, 아이는 무의식적으로 이러한 태도를 습득하게 된다. 가정 내에서 긍정적인 관계 모델을 본 아이는 친구와의 관계에서 갈등이 생길 때도 부모에게 자연스럽게 도움을 청하거나, 스스로 올바른 해결 방법을 찾을 가능성이 높아진다.

친구와 공부 따로 생각하기

아이가 친구 관계에 몰두한다고 해서 공부와 학업을 완전히 소홀히 하도록 방치하는 것은 아니다. 직접적으로 제재하는 대신, 친구 관계와 공부 사이의 균형을 자연스럽게 잡을 수 있는 환경을 제공하는 것이 필요하다. 예를 들어, 집에서 친구와 함께 공부할 수 있는 스터디 모임을 만들도록 권유하거나, 친구들과의 만남 시간을 일정 범위 내에서 자유롭게 선택할 수 있도록 자율성을 보장하면서도 일정한 기준을 세워주는 것도 좋다.

친구와의 관계가 실만 있는 것은 아니다. 친구와의 긍정적인 관계에서 얻는 인정과 지지는 아이의 자존감을 높인다. 학생들이 인정받고, 내적 동기를 강화할 때 학습에 대한 동기와 적극성이 증가한다는 연구 결과도 있다. 또한 부모가 아이의 친구 관계를 비난하거나 통제하면, 아이는 부모와의 관계에서 오는 긴장과 불안감을 학업으로까지 전이된다. 부모가 아이의 관심사를 인정해줄 경우 아이는 더 이상 관계로 인한 불안을 느끼지 않고, 자연스럽게 자기 할 일에 더 집중할 수 있는 환경이 조성된다. 부모의 공감적 소통이 자녀의 정서 조절 능력을 향상시키며, 이는 곧 학업 집중력과 수행력 향상으로 연결된다. 친구들과 함께 공부하는 분위기를 만들면 오히려 부모의 간섭 없이 자연스럽게 형성된 학습 습관은 인위적이고 강제된 학습보다 더 오래 지속될 가능성이 크다. 또래와 함께 공부하는 함께 공부하는 학생은 개별 학습을 하는 아이들보다 더 효율적이며, 학습 성과도 높게 나타나기도 했다. 친구와 함께 공부를 할 경우 개인이 특정 행동을 성공적으로 수행할 수 있다는 믿음인 자기 효능감이 증가하고 학습 수행 능력 또한 증가했다.

서연이 엄마의 계획은 옳았다. 서연이는 친구들과 함께 공부하며 성적을 향상시킬 수 있었다. 서연이는 엄마의 눈을 피해 친구들과 몰려다니기보다 엄마의 보호 관찰, 그리고 신뢰 아래 아이들과 유대를 맺을 수 있어서 탈선을 피할 수 있었고, 공부와 친구 사이의 관계에서도 좋은 밸런스를 유지할 수 있어, 스트레스를 덜 받았다. 결국 서연이는 학업과 친구 두마리 토끼를 다 잡을 수 있었다.

| 06 |

아이는 몰라서가 아니라 방향을 잃었을 뿐이다

멍하게 있는 아이

고등학교 1학년인 준서는 중학교 때까지 성적이 우수한 편이었지만, 고등학교에 올라오면서 갑자기 성적이 떨어졌다. 책상 앞에 앉아있는 시간이 길어졌지만, 엄마가 볼 때마다 준서는 늘 책만 펴놓고 멍하니 앉아 있었다. 엄마는 불안한 마음에 아이에게 종종 말했다.

"준서야, 이렇게 공부하면 안 되잖아. 제대로 집중 좀 해!"

하지만 그럴수록 준서는 더 무기력해졌고, 점점 더 자기 안으로 숨어들었다.

고등학교 시기에 갑자기 무기력해지는 아이들이 있다. 이런 경우 꿈을 물어보면 대부분 자신의 목표가 없는 경우가 많다. 아이들이 성적이 떨어지는 이유는 단지 공부를 하기 싫어서가 아니라, 스스로 목표와 방향을 잃었기 때문이었다. 고등학생들은 성적을 위해서는 열심히 노력했지만, 그것이 진짜로 자신이 원하는 목표인지에 대해서는 깊이 고민할 여유가 없었다.

준서가 한 말이 생각난다.

"사실 저도 제가 왜 이렇게 공부를 하는지 잘 모르겠어요. 중학교 때는 그냥 공부를 열심히 하면 됐는데, 이제는 공부를 왜 해야 하는지, 뭘 위해 해야 하는지 잘 모르겠어요. 그래서 책을 봐도 머릿속에 들어오지 않고 그냥 멍하게 있는 거예요."

준서가 갑자기 무기력해진 모습을 단지 성적 하락이나 집중력 부족의 문제로만 바라보면 본질을 제대로 볼 수 없다. 빅터 프랭클은 《죽음의 수용소에서》에서 인간은 단순히 행복이나 성취만을 추구하는 존재가 아니라, 자신의 삶에서 궁극적인 의미를 발견하고자 하는 존재라고 말했다. 프랭클의 말을 미루어 생각해

보면, 인간의 무기력과 절망은 의미의 상실에서 비롯된다.

준서의 경우는 빅터 프랭클이 경험한 나치 수용소의 이야기만큼 극단적이지는 않지만, 그럼에도 어느 정도 힌트를 얻을 수 있다. 준서가 중학교 때까지 우수한 성적을 유지할 수 있었던 것은 단순히 열심히 노력했기 때문만은 아니다. 엄마의 입지가 컸기 때문에 엄마가 설정해준 분명한 목표와 방향성을 가지고 있었고, 그것이 그의 공부에 의미와 동기를 부여했다. 하지만 고등학교에 진학한 이후 준서의 성적이 갑자기 떨어지고, 책상 앞에서 멍하니 앉아있게 된 이유는 자신이 왜 공부를 해야 하는지에 대한 근본적이고 궁극적인 의미를 잃어버렸기 때문이다. 엄마보다는 공부에 대한 동기를 자신의 내면에서 찾아야 할 시기가 도래한 것이다.

엄마가 "준서야, 이렇게 공부하면 안 되잖아. 제대로 집중 좀 해!"라고 재촉했을 때, 준서는 더 깊은 무기력 속으로 빠져들었다. 엄마의 말은 준서가 잃어버린 의미를 회복시켜 주지 못하고, 오히려 의미 없는 반복과 압박으로 느껴졌다. 이런 상황에서 아이는 점점 더 자신의 내면으로 도피하려 했을 것이다.

프랭클은 준서가 무기력을 어떻게 극복할 수 있는지에 대한 힌트를 준다. 인간이 무기력에서 벗어날 수 있는 방법은 자신이 진정으로 추구해야 할 삶의 의미를 발견하는 데 있다고 강조한다. 따라서 준서에게 필요한 것은 단순히 더 많은 공부나 집중이 아니라, 자신의 삶에서 진정한 목적과 의미를 찾는 과정이다.

경험이 곧 목표

준서 같은 경우에 많은 것을 경험하라고 권하고 싶다. 자신의 동기나 목표가 부족할 경우에는 대부분 가지고 있는 정보가 적기 때문일 수 있다. 스스로 정보가 누적되고 "아 이것 때문에 공부를 해야겠다."라는 생각이 들면 아이들은 무섭게 집중한다. 아이가 자기 삶의 의미와 목표를 스스로 찾아내도록 돕는 것이야말로 부모가 해야 할 가장 중요한 역할이라고 이야기하지만, 대부분의 부모는 강압적으로 해결하려는 경향이 짙다. 부모의 시선과 자녀의 관심은 엄연히 다르다. 그리고 삶의 의미는 누군가가 발견해 줄 수 없다. 1등급 인생은 스스로 의미를 만들어내는 삶이다. 준서 역시 진정한 의미를 찾는 순간, 다시 자기 삶을 적극적으로 살아갈 수 있는 내적 힘을 회복할 수 있을 것이다.

나는 준서 부모님께 문자를 했다.

"준서는 머리가 좋습니다. 그리고 공부를 안 하는 것이 아니라, 공부할 이유를 찾지 못 해 무기력한 겁니다. 지금 아이에게 가장 필요한 건 성적 압박이 아니라 삶의 방향에 대한 구체적인 경험입니다. 아이가 스스로 무엇을 원하는지, 공부를 한다면 어떤 목표를 이루고 싶은지를 천천히 찾을 수 있도록 도와주세요."

   나중에 들은 이야기인데, 준서도 그 문자를 봤다고 했다. 처음에는 당황했지만, 점점 자신의 마음을 조금씩 털어놓기 시작했다. 아이는 자신이 미래에 하고 싶은 일이 뭔지, 그리고 그 일을 찾이 못할 것에 대한 두려움을 이야기를 부모님과 나눴다고 했다. 엄마와의 대화를 통해 준서는 바로 답을 찾을 수는 없었지만, 스스로가 원하는 방향을 천천히 생각하게 되었다.

쉬는 시간 02

중2병이 아니라, 외로운 중2였다

우리는 흔히 중학생 아이의 예민함을 단순히 사춘기 특유의 반항이나 과장된 감정으로 치부하며, 소위 '중2병'이라고 표현한다. 하지만 곰곰히 생각해보면 불안은 중,고등학생의 본질적 조건이라는 생각이 든다. 불안은 단순히 부정적인 감정이 아니라 자신이 누구인지, 그리고 어떻게 살아야 하는지를 고민하는 시기에 불어오는 급류 같은 것일지도 모르겠다.

하지 않았던 행동을 하는 중2병은 사춘기의 증상이 아니라 아이가 자신을 과도하게 표현하면서 주변 세계에 대한 자신의 존재를 알리면서 발생한다. 결국 중2병은 자신이 아무것도 아닐 수 있다는 불안에서 발생하는 반대급부에 가깝다. 흔히 어른들은 아이의 짜증과 예민함, 그리고 별난 행동을 이해하지 못하고 쉽게 지나친다. 하지만 어른들도 모두 이 과정을 거치지 않았나? 지금 나도 옛날을 생각하면 이불을 걷어차고 싶어지는 일이 많다.

중2라는 시기는 아이가 더 이상 어린이도 아니지만, 아직 성인도 아닌 모호한 위치에 서 있다. 이 어중간한 경계에서 아이는 친구들과 더 많이 어울리지만, 몇몇은 친구들과 몰려다니며 과격한 행동을 하기도 한다. 법률적이고 도덕적인 문제가 없다면, 부모는 아이의 행동을 단순히 문제로 규정짓고 억압하기보다는, 아이가 이런 행동을 통해 무엇을 표현하려 하는지 이해하고 공감하는 자세를 보여줄 필요가 있다. 아이의 이러한 도전과 탐색을 존중하면서도 명확한 한계를 설정해주는 태도는 아이가 건강한 정체성을 형성하도록 돕는 중요한 길잡이가 된다.

어른들이 이런 아이들을 향해 진정으로 해야 할 일은 그들의 감정을 쉽게 무시하거나 비난하는 것이 아니라, 아이가 겪는 불안과 고독의 의미를 이해하고 받아들이는 것이다. '예민하고 이상한 아이'라는 낙인이 아니라, 자신이 겪고 있는 이 복잡하고도 고통스러운 감정들이 지나갈 과정이라는 이해와 위로다.

<굿 윌 헌팅>이라는 영화를 보면, 주인공 윌 헌팅이 뛰어난 지능을 가졌음에도 불구하고 깊은 고독과 분노를 품고 살아간다.

윌은 세상과 끊임없이 충돌하며, 주변 사람들에게 거칠고 반항적인 태도를 보이지만, 내면에는 어린 시절부터 쌓인 상처와 외로움 때문에 스스로 외톨이가 되기를 선택했다. 이때 그를 변화시키는 힘은 단순히 권위적인 훈계나 처벌이 아니라, 그의 내면에 숨어 있는 아픔을 있는 그대로 이해하고 공감해주는 숀 교수의 따뜻한 위로다.

결국, 아이의 예민함은 단순한 성격이나 기분 문제가 아니라, 존재의 본질을 탐구하는 과정에서 겪는 필연적이고 깊은 불안이다. 이것을 이해하고 받아들이는 순간, 비로소 아이는 자기 내면의 혼란과 외로움을 극복하고 자신만의 존재 방식을 찾아가는 첫 걸음을 내디딜 수 있을 것이다.

3교시

인생의 방향을 정하는 시기?

| 01 |

진로 상담은 했는데, 왜 더 불안할까

아리송한 상담

고등학교 1학년 채원이는 진로 상담이 끝난 날 밤, 잠을 잘 이루지 못했다. 학교에서는 진로 상담을 통해 아이들이 자신의 길을 찾도록 돕는다고 하지만, 채원이에게 상담은 오히려 더 큰 혼란과 불안을 안겼다. 진로 상담 선생님은 성적표를 보며

"이 정도면 간호학과가 적당하겠네."

라고 말했다. 그 말에 채원이는 아무 말도 하지 못했다. 집으로 돌아온 아이는 한참을 망설이다 엄마에게 말했다.

"엄마, 저는 간호학과는 정말 아닌 것 같아요."

하지만 엄마의 표정은 복잡했다.

"그럼 넌 뭘 하고 싶은데?"

라는 질문에 채원이는 아무 대답도 할 수 없었다. 아이는 스스로 무엇을 원하는지 아직 잘 몰랐기 때문이다. 엄마는 채원이의 이런 모습이 답답했고, 아이 역시 자신이 갈 길을 찾지 못하는 게 점점 더 두려웠다.

10대가 진로를 정하는 것은 맞을까? 많은 아이들이 자신이 무엇을 원하는지, 어떤 삶을 살고 싶은지 충분히 고민할 시간을 가지지 못한 채 서둘러 길을 선택해야 하는 현실에 놓여있다. 그런 탓에 아이들은 진로 상담을 받고 나면 오히려 더 많은 불안과 혼란을 느끼곤 한다.

채원이도 진로 상담이 끝나고 난 후 더 큰 불안을 느꼈다. 아이는 자신의 감정이나 꿈에 대해 충분히 이야기하지 못하고, 성적이라는 기준으로만 평가받았다는 느낌이 들었다. 결국 자신에게 맞지 않는 길을 억지로 가야 할지도 모른다는 두려움이 밀려왔다.

채원이가 진로 상담 이후 더 큰 혼란과 불안을 느낀 이유는 단순히 적성에 맞지 않는 진로를 추천 받았기 때문은 아니다. 아이들은 자신이 처음 맞이하는 자유에 큰 혼란을 느낀다. 사람은 누구나 자유를 갈망하지만, 그 자유가 직접 주어졌을 때, 특히 그 자유가 처음 주어졌을 때, 두려워한다. 본질적으로 자유로운 존재인 동시에 자유를 두려워하는 것이 사람이다. 자유에는 반드시 책임이 따른다는 사실을 어렴풋이 알고 있기 때문이다. 자신이 누구이고 어떤 길을 걸을 것인지 끊임없이 선택해야 하는 운명에서 처음 자신의 미래를 급하게 선택해야 하는 아이들이 가여울 때가 있다.

 진로 상담 선생님이 성적표를 기준으로 "간호학과가 적당하겠다"고 말했을 때, 채원이는 자신의 자유를 외부의 기준에 의해 무시당했다고 느꼈다. 아이는 자신의 진짜 꿈이나 희망이 무엇인지 아직 명확히 알지 못했지만, 최소한 그것이 '간호학과'라는 외부의 기준과는 맞지 않다는 사실만은 분명히 알았다. 처음 자신이 선택하는 자유를 이런 방식으로 사용해서는 안된다는 사실을 어렴풋이 알고 있었다. 이 순간 아이는 외부가 부여한 선택과 자신의 자유 사이에서 갈등에 빠진다.

 엄마가 다시 채원이에게 물었다. "그럼 넌 뭘 하고 싶은데?" 이 질문 앞에서 아이는 아무 말도 하지 못했다. 나는 할 수 없을 것이라 판단한다. 충실히 교육과정을 이수해온 아이들은 무엇을 선택해야 할지 고민할 시간이 거의 없다. 채원이의 침묵은 자유롭고 독립적인 존재로서 자신의 삶을 스스로 선택해야만 하는 실존적 불안을 드러냈다.

나도 상담실에 앉아서 고민을 한다. 학원을 운영하는 입장에서 성적을 올리고 좋은 대학교를 보내는 것은 필수이지만, 그렇다고 아이를 아무곳에나 가라고 추천하고 싶지는 않다. 최대한 자신이 원하는 곳에 가도록 인도하고 싶은데, 교육 산업이라는 결과를 만들어 내고 능력을 증명해야 하는 필드에 속한 내 자신이 한탄스럽기도 하다. 그럼에도 성급하게 답변을 제시하지 말아야 한다는 사실은 알고 있다. 부모와 교사가 해야 할 일은 아이에게 성급히 정답을 제시하거나 특정한 길을 강요하는 것이 아니라, 이 불안이 인간 존재의 필연적인 조건임을 인정하고 함께 고민하는 것이다.

길을 선택할 수밖에 없는 상황

아이들이 진로 상담 이후 더욱 불안해지는 이유는 그들이 길을 모르기 때문이 아니라, 길을 선택할 수밖에 없는 상황을 마주했을 때이다. 아이의 자유를 인정하고, 그 선택의 불안을 함께 감당할 때 비로소 아이는 스스로 원하는 길을 찾아 나갈 수 있다. 아이의 불안을 피하고 종식시키는 것이 아니라 스스로의 삶을 진정으로 선택하도록 유도하는 과정이 진정한 성장이며, 아이가 자기 삶의 주인이 되는 첫걸음이다.

채원이의 엄마는 아이에게 새로운 질문을 건넸다.

"네가 정말 좋아하는 건 뭔지, 천천히 같이 찾아보면 어떨까?"

엄마의 태도가 바뀌자 아이도 비로소 자신이 고민할 시간을 얻었다고 고백했다. 채원이는 자신이 뭘 원하는지 조금씩 생각하기 시작했다.

진로 상담은 아이를 위한 것이지만, 그 상담이 오히려 더 큰 압박과 불안을 만들지 않도록 부모는 한계를 잘 설정해야 한다. 부모가 먼저 아이의 불안을 인정하고 공감하며, 서둘러 결정하지 않아도 괜찮다고 말해주는 것이 아이의 진짜 미래를 밝게 열어줄 수 있다.

| 02 |

"1등급 아니면 의미 없어"는 누가 만든 말일까

고등학교 2학년인 현수는 중학교 때까지 늘 우등생이었다. 성적이 좋은 아이였고, 부모님은 그런 현수를 늘 자랑스러워했다. 하지만 고등학교에 진학한 후 현수는 조금씩 무기력해지기 시작했다. 시험에서 1등급을 놓치기 시작하자, 현수는 어느새 자신을 자꾸만 탓하고 있었다. "1등급이 아니면 의미 없다."라는 생각에 빠져 있었기 때문이다.

　나는 수많은 학생들이 '1등급'이라는 단어에 얼마나 강박적으로 매달리는지 알게 되었다. 많은 아이들은 성적표의 숫자 하나로 자신의 모든 가치를 평가했다. 현수 역시 그런 학생 중 한 명이었다. 한 번이라도 1등급을 놓치면 자신을 실패한 사람으로 규정했고, 하루하루 자신을 더 강하게 몰아붙였다.

　현수를 칭찬하기 위해 나는 교무실로 현수를 부른적 있다. 하지만 현수는 오히려 언어에서 2등급이 나왔다고 스스로 자책했다.

　"선생님, 저는 1등급이 안 나오면 아무 의미가 없다고 느껴져요. 사실 부모님이 그렇게 말한 적은 없는데, 제가 그런 기준을 스스로 만든 것 같아요."

　나는 현수의 이야기를 듣고 마음이 아팠다. 아이가 스스로에게 만든 기준이 아이의 자존감을 흔들고 있었던 것이다. 스스로 쌓아올린 마음의 감옥. 나는 현수의 부모님께 면담을 요청했다.

　"아이에게 '1등급'이라는 목표가 너무 강하게 자리 잡으면, 아이는 그 기준 아래에서 점점 스스로를 잃어갑니다. 오히려 이런 현수의 성향이 현수를 망칠까봐 두렵습니다. 아이의 점수도 중요하지만, 스스로의 기준에 너무 얽매일 필요는 없어보입니다. 삶은 늘 업과 다운이 있으니까요. 그럼에도 현수는 잘 해낼겁니다."

엄마는 현수에게 "현수야, 1등급이 아니라고 해서 네 가치가 달라지는 게 아니야. 엄마는 너 자체가 소중하고 자랑스러워. 숫자는 네 전부가 될 수 없어."라고 말했다. 아이는 그 말을 듣고 오랜만에 눈물을 흘렸다. 엄마의 그 한마디가 자신이 만든 무거운 기준에서 벗어날 수 있었다.

사람은 자신의 가치를 외부의 기준과 조건에 따라 판단한다. 환경의 영향을 받는 것이다. 예컨대 성적, 재산, 명예와 같은 외적 요소들이 자신의 가치를 결정한다고 생각한다. 냉정하게 생각해 그렇지 않다고 말하는 사람들도 외적 가치의 영향을 받지 않는다고는 말하지 못할 것이다. 반면, 내가 생각하는 1등급의 삶은 그런 외적 조건이 아니라 자신이 지닌 고유한 존재 자체로 가치를 인정받는 삶이다.

칭찬 받고 싶어서

현수가 그동안 자신을 1등급이라는 숫자에 얽매여 고통받았던 이유는 바로 스스로를 외적인 기준에 가두었기 때문이다. 아이는 자신을 끊임없이 숫자로 평가하고, 그 숫자가 곧 자신의 존재 가치를 결정한다고 믿었다. 이런 평가에 대한 답습은 스스로 만들어내지 않는다. 대부분 어른에게 칭찬받고 싶어서, 더 잘해보고 싶어서, 이런 가치관을 형성한다.

좀 더 깊이 들어가보면 심리적 안정과 만족감이 있다. 기준을 세우면 불확실한 상태를 숫자와 규칙으로 환원해 심리적 안전을 얻고, 사회와 부모의 기대를 내면화한 '내면의 감시자'를 세워 스스로를 감독하게 하며, "나는 이런 사람"이라는 정체성을 제공한다. 문제는 이 눈금이 수단을 넘어 존재 가치까지 재기 시작할 때다. 한 자리 숫자(예: 1등급)가 흔들리면 자아가 통째로 흔들리는 이유가 여기에 있다. 실패는 곧 존재의 실패처럼 느껴지고, 불안을 줄이려 더 가혹한 잣대를 덧씌우는 악순환이 생긴다. 결국 우리는 상처받지 않으려 기준을 세우지만, 그 기준에 사랑받을 자격과 삶의 의미까지 걸어버리는 순간, 등대였던 기준이 감옥이 된다.

이런 가치관은 아이 스스로 깨기는 쉽지 않다. 외부로부터 따스한 충격이 있으면 깨지기 쉬운데, 엄마가 "숫자는 네 전부가 될 수 없어"라는 말을 했을 때, 아이는 자신이 무의식적으로 살아왔던 외부의 기준이라는 허상을 깨닫고 자기 전환을 경험할 수 있었다. 아이의 눈물은 자신이 지금까지 살아온 방식을 근본적으로 재고하게 만드는 전환의 순간을 의미한다.

결국, 엄마의 그 한마디가 얼마나 중요한지 알 수 있다. 아이의 기준을 전체를 바꿀만한 위력이 있다. 아주 쉽고 강력한 무기를 가지고 있지만, 엄마들은 사용하기를 꺼린다. 익숙하지 않다거나, 어색하거나, 부끄럽다는 이유로 말이다. 하지만 현수가 말 한마디에 어떻게 변했는지를 고려해 본다면, 엄마의 한마디는 아주 강력한 능력이 있는 것 사실이다. 이 말은 아이가 진정한 자기 자신으로 성장할 수 있도록 돕는 가장 깊고 근본적인 위로였다.

교육자 입장에서 1등급이 아니면 안된다는 말은 아이들의 투지를 불태우는 말인 동시에 쉽게 포기하게 만드는 위험한 말이다. 나는 이 말이 어디서 왔는지 추적하려 했지만, 아이들에게서는 찾을 수 없었다. 오히려 그런 시스템을 만들어놓은 어른들에게서 옮겨 갔다는 생각밖에 할 수 없었다. 아이들은 어른의 욕망을 보고 배운다. 1등급이 아니면 소용없다는 어른들의 욕망이자, 어른의 사회가 만든 압박이고, 아이들 스스로 그 압박에 갇혀버린 것이다. 가끔은 아이들에게 미안한 마음이 든다.

성적이 아이의 전부를 대변할 수 없다는 사실을 어른이 먼저 인정해야 한다. 그 작은 변화가 아이에게는 큰 힘이 된다. 아이가 더 이상 성적에 자신을 끼워 맞추지 않고, 자기 자신을 있는 그대로 존중하고 사랑할 수 있는 건강한 자존감을 기를 수 있도록 부모의 따뜻한 말 한마디가 꼭 필요하다.

| 03 |

스펙보다 삶의 방향이 먼저라는 말이 공허하게 들릴 때

방향을 어떻게 잡아야할까

고등학교 2학년인 서영이는 최근 학교에서 진로 특강을 들었다. 특강 강사는 학생들에게 "스펙보다 중요한 건 너희가 어떤 삶을 살고 싶은지 방향을 정하는 거예요."라는 말을 했다. 주변에 있던 친구들은 그 말을 듣고 고개를 끄덕였지만, 서영이는 오히려 마음이 더 무거워졌다. 집에 돌아와 엄마에게 조용히 말했다.

"엄마, 저는 삶의 방향이 뭔지 잘 모르겠어요. 스펙보다 삶의 방향이 중요하다는 말이 저에겐 너무 어렵게 느껴져요."

최근 많은 학교에서 학생들에게 '삶의 방향이 중요하다.'고 강조하지만, 실제 학생들은 그 방향이 무엇인지조차 감을 잡지 못하고 더 큰 혼란에 빠지곤 했다. 서영이와 같은 학생들에게 그런 말은 위로보다는 부담이 되는 경우가 많았다.

"사실 저도 방향이 중요하다는 걸 알아요. 그런데 그 방향을 어떻게 찾아야 할지 모르겠어요. 방향을 찾으라는 말을 들을 때마다 오히려 제가 뒤처지고 있는 것 같아서 불안해요. 방향을 찾으라는 말은 쉽지만 그걸 해야하는 우리들에게 어떻게 하라는 지침같은걸 알려주면 좋겠는데, 전혀 그런게 없어서 공허하게 들려요."

아이는 솔직하게 자신의 마음을 이야기했다. 방향을 찾으라는 말이 마치 더 큰 목표나 꿈을 강요하는 것처럼 느껴졌지기도 한다고 말을 이었다.

그 선택과 방향이 너무 많아진 현대사회의 특성에서 비롯된 문제다. 심리학자 배리 슈워츠는 TED 강연에서 현대인들이 선택지가 많아질수록 오히려 불행과 불안을 느끼며 마비 상태에 빠질 수 있다고 설명했다. 예를 들어 샐러드 드레싱이 많으면 그 앞에서 선택을 주저하게 된다. 그리고 선택지가 많으면 많을수록 후회하게 되는 것도 같다. 학생들에게 삶의 방향과 목표를 강조하는 학교의 교육 방식은 무수히 많은 선택지 중에 빠르게 선택하라고 이야기한다. 샐러드 드레싱에서도 선택을 주저하는 현대인에게 너무 가혹한 선택지 안닌가?

서영이의 불안은 자신의 꿈을 모르는 무지함 때문이 아니라, 꿈과 방향이 너무 명확히 정해져 있어야 한다는 강박에서 오는 것이다. 무수한 선택지를 주고 하나를 뽑으라는 압박. 슈워츠가 지적한 것처럼, 선택지가 많고 목표가 뚜렷해지면 오히려 '선택의 역설'이 생길 가능성에 대한 두려움 때문에 결정을 아예 하지 못하게 된다. 우리가 아이에게 방향을 강조하는 것은 과연 올바른 행동일까?

방향은 배양하는 것

이와 함께 교육학자 윌리엄 데이먼은 'The Path to Purpose'에서 'cultivate'라는 단어를 목적과 이어서 생각했다. Cultivate는 기르다는 뜻이 있다. 목적은 고정하는 것이 아니라 배양하고 길러내는 것이다. 청소년들이 진정으로 필요로 하는 것은 성급히 목표나 진로를 정하는 것이 아니라, 자신이 진정으로 좋아하고 가치 있다고 생각하는 것을 발견할 수 있는 충분한 시간이 필요하다고 이야기하는 것과 같다. 보통은 작물을 길러내는데 cultivate를 사용하는데 데이먼은 목적에 이 단어를 사용한다. 청소년들이 의미 있는 삶을 살기 위해서는 스스로 목적을 적극적으로 배양해야 한다.

서영이에게 학교에서 강조하는 '삶의 방향'이라는 메시지는, 데이먼이 말한 스스로의 목적을 발견하기 위한 시간이 아니라, 당장 성과를 보여줘야 한다는 압박이다.

결국, 부모와 교사가 진정으로 해야 할 일은 늘 정해져 있다. 자신의 내면을 충분히 탐색하고 자신에게 중요한 가치를 천천히 발견하도록 도와주는 것이다. 역시 너무 쉬운 말이다. 하지만 행동까지는 어렵다. 슈워츠와 데이먼의 통찰을 통해 볼 때, 아이들이 진정으로 필요로 하는 것은 방향에 대한 빠르고 정확한 선택이 아니라, 방향을 찾는 과정에서 느끼는 불안과 혼란을 이해하고, 이를 극복할 수 있도록 돕는 공감과 기다림이다. 방향은 아이가 결정해야 한다.

서영이 엄마의 질문을 바꿨다. 서영이의 관심이 어디인지 물었다. 서영이는 처음에는 어색해했지만, 차츰 자신의 관심사를 편하게 이야기하기 시작했다. 책을 읽는 것, 친구들과 이야기하는 것, 작은 영상 만드는 일 등, 아이는 자신이 좋아하는 일들을 하나씩 발견하고 말로 표현했다.

'삶의 방향은 거창한 목표에서 시작하는 것이 아니라, 아이가 일상에서 좋아하고 즐거워하는 작은 관심사에서 출발하는 거구나.' 나는 입시 설명회에 적극적으로 이를 반영한다. '삶의 방향'이라는 말이 공허하게 느껴지지 않으려면, 부모는 아이가 진심으로 즐거워하는 것을 함께 발견해 나가는 태도를 가져야 한다. 지금 아이에게 가장 필요한 것은 큰 목표를 강요하는 것이 아니라, 아이의 작은 관심과 흥미를 존중하고 이해해주는 부모의 마음이다.

| 04 |

아이는 '자기답게 살고 싶은데' 방법을 모른다

고등학교 1학년인 민지는 얼마 전부터 엄마와 갈등이 심해졌다. 평소엔 조용하고 무난한 아이였는데, 요즘엔 부모가 무슨 말을 해도 짜증을 내거나 방문을 닫고 들어가 버린다. 엄마는 민지가 왜 이렇게 변했는지 이해하지 못했다.

"민지야, 넌 왜 자꾸만 엄마 말을 안 듣니?"

하지만 아이는 그 질문에 아무런 대답도 하지 않았다.

학원을 운영하면서 나는 민지처럼 갈등을 겪는 수많은 아이들을 봐왔다. 부모가 보기엔 아이가 갑자기 반항적으로 변한 것 같지만, 실제로 아이들은 반항하는 것이 아니라 스스로 '어떻게 살아야 하는지'를 몰라 힘들어하고 있었다. 내가 만난 많은 고등학생은 자신이 원하는 삶과 부모가 원하는 삶 사이에서 방향을 찾지 못하고 방황했다.

나도 내가 뭘 해야할지 모르면 짜증이 난다. 산더미처럼 엎어진 서류뭉치를 보면 어디서 부터 일을 해야할지 모르겠고, 답답함이 밀려온다. 하물며 민지는 어떨까? 민지의 고민은 자신이 누구인지, 무엇을 원하는지, 그리고 어떻게 살아야 할지에 대한 깊은 혼란에서 비롯된 것이다.

자기답게 사는 법을 아는 사람

사람은 환경의 영향을 받는다고 말하는 쪽이 있고, 스스로의 의지로 삶을 개척해 나가야 한다는 사람이 있다. 하지만 나는 둘 다 맞는 말이라고 한다. 청소년기 아이들이 자신의 내적 욕구와 외부에서 주어지는 역할과 기대 사이에서 긴장을 경험하고, 갈등하며 자신의 정체성을 형성하는 것 같다. 때로는 사회의 요구를 수용하기도 하고, 고쳐 나가기도 하면서 말이다. 언제나 하나의 길, 맞는 길이 있는 것 같지는 않다. 하나의 생각이 있다가 때로는 반대의 생각도 하고, 결국은 합해서 새로운 생각을 하는 것은 어른이나 아이들이나 마찬가지다.

아이는 자기답게 사는 법을 모른다고 말했지만, 어른이라고 알 수 있는 것은 아니다. 민지의 꿈이 없다는 말, 그리고 어떻게 살아야 할 지 모르겠다는 말 자체가 나는 시작이라고 생각한다. 이런 이야기가 공부와 상관없을 거라고 생각하지만, 나는 공부와 깊은 상관관계가 있다고 본다. 정확한 시작점에서 달리기를 시작하지 않으면 다시 시작점으로와 시작해야 하듯, '꿈이 뭘까?'라는 질문이 없으면 다시 그 자리로 돌아와야한다. 정리를 해보면, 정체성에 대한 모호함은 곧 정체성의 확립으로 나가는 시작점이다.

우리는 늘 진정한 자신을 찾기를 원한다. 그렇지만 진정한 자신을 찾은 어른은 없다. 늘 고민한다. 하지만 진정한 자신이란 자기 마음대로 사는 것을 의미하지는 않는다. 마음대로 사는 삶은 방종이지 진정함이 아니다. 나는 진정성이란 자기 성찰이라고 본다. 자신이 진정으로 원하는 삶이 무엇인지 내면적으로 충분히 탐구하고 깨달아, 그에 맞는 삶을 선택하는 과정이다.

민지의 경우 역시 자신답게 살고 싶다는 욕구는 있지만, 그 방법을 몰라 깊은 혼란을 빠졌다. 부모의 기대는 외부로부터 주어진 기준이고, 친구들이 가진 꿈은 남들의 기준에 불과하기 때문에 민지는 정작 자기 자신이 원하는 것이 무엇인지 알 수 없는 상황에서 계속 방황하고 있다. 결국 민지와 같은 아이들에게 필요한 것은 부모가 생각하는 정답을 강요하거나, 서둘러 길을 선택하도록 재촉하는 것이 아니라, 스스로 자기의 내면을 탐구하고 정체성을 형성할 수 있는 그대로 두는 것이다. 민지가 스스로의 생각을 정리하고, 내면의 목소리에 귀 기울일 수 있도록 말이다.

민지의 엄마는 조바심을 버리고 용기를 냈다.

"민지야, 엄마가 너무 서두른 것 같아."

자신이 그동안 아이에게 끊임없이 진로와 목표를 강요하면서 아이의 진짜 목소리를 들을 기회를 주지 않았다는 걸 깨달았다. 민지는 엄마와 대화를 나누면서 엄마의 조언을 듣기 시작했다. 엄마가 바라본 자신이 어떤 사람이고 무엇을 좋아하는지 들어보고, 스스로를 객관적으로 돌아봤다. 그런 이야기를 엄마와 편안하게 나누었다. 그리고 그 과정에서 민지는 조금씩 자기다운 모습을 찾아가기 시작했다. 민지가 진짜로 원한 것은 부모가 제시한 완벽한 삶이 아니라, 자신이 어떤 사람인지, 어떻게 살아가야

하는지에 대한 공감과 존중이었다.

| 04 |

너무 일찍 철든 아이,
너무 늦게 놓아주는 부모

조숙한 아이들

고등학교 2학년인 민서는 주변에서 늘 '철든 아이'라는 소리를 듣곤 했다. 어릴 때부터 부모가 원하는 모습대로 잘 따라줬고, 늘 성실하고 바르게 행동하는 아이였다. 학교에서도 민서는 친구들의 고민을 들어주는 듬직한 존재였다. 하지만 어느 순간부터 민서는 자기 속 이야기를 누구에게도 하지 않게 되었다. 엄마가 보기엔 아무 문제없이 잘 자라는 아이처럼 보였지만, 민서의 내면은 점점 더 외롭고 불안해졌다.

나는 소위 '일찍 철든 아이'들을 자주 봤다. 주변 어른들이 보기에는 훌륭하고 믿음직스럽지만, 사실 그 아이들은 자기 나이에 맞지 않게 많은 것을 너무 일찍 짊어지고 있었다. 어른의 세상에 너무 일찍 들어선 아이들 말이다.

"저는 항상 부모님이 원하는 모습대로 살아왔어요. 스스로를 돌볼 겨를 없이, 부모님이 원하는 기준에 맞춰서 행동했어요. 이제는 제가 뭘 좋아하는지도 잘 모르겠어요. 그냥, 저는 늘 엄마의 기대를 충족하는 사람이 되어야 한다고 생각했어요."

그냥 부모님이 원하는 사람이 되어야겠다니 얼마나 슬픈 말인가? '철든 아이'라는 가면을 민서는 언뜻 보면 책임감 있고 성숙한 모습으로 보이지만, 실제로 민서의 내면은 그런 평가로 인해 점점 더 외롭고 고립된 상태에 있었다. 민서와 같은 아이들을 우리는 '착한 아이 콤플렉스'를 지닌 아이들이라고 설명한다. 이런 아이들은 어린 시절부터 부모와 어른들의 기대에 지나치게 부응하며 자신의 감정과 욕구를 억압해 왔다.

착한 아이

민서의 고백은 바로 앨리스 밀러가 지적한 착한 아이 콤플렉스의 대표적 징후다. 민서는 자신의 감정과 내적 욕구를 억누른 채 부모와 주변 어른들의 기대를 충족하는 역할을 수행해왔고, 그 과정에서 자신의 진정한 욕망과 자아를 잃어버린 상태가 되었다. 이렇게 너무 일찍부터 부모의 기대를 받아들이며 살아온 아이들은 자신의 감정과 욕구에 무감각해지게 되고, 결국 내적 공허와 우울, 불안을 겪게 된다.

착한 아이 콤플랙스는 단순하게 주변 사람들을 답답하게 하는 착한 아이의 모습만 고수하려는 행태가 아니라, 자기 주체를 형성하는 것과 대척점에 있다. 인간이 자기 자신을 돌보고 가꾸는 기술, 즉 자신을 '주체로서 형성하는 과정'은 아무리 강조해도 지나치지 않다.

민서의 경우처럼 너무 일찍 철이 든 아이들은 자신을 위한 자기 기술을 사용할 기회조차 얻지 못한 채, 착한 아이로 비춰져야 한다는 가면을 쓴 것이 문제이다. 결국 가면과 자신을 동일하게 생각하고, 자신이 누구인지 혼란스러워하며, 자신이 결정해야 할 문제가 닥치면 딜레마에 빠진다. 결국 민서에게 필요한 것은 부모와 사회가 만들어낸 '착한 아이'라는 틀을 깨야 한다. 그 틀을 깨야만 비로소 아이는 착한 아이 콤플렉스에서 벗어나, 자기 자신으로서의 온전한 삶을 살아갈 수 있게 된다.

나는 작심하고 민서 부모님께 말했다.

"민서가 너무 일찍 어른이 된 이유는 아이 스스로 그렇게 되고 싶어서가 아닙니다. 아이는 부모의 기대를 벗어나지 않으려고 자신을 계속 다그친 것입니다. 스스로 착한 아이라는 가면을 썼어요. 민서에게 진짜 필요한 건 부모가 아이를 놓아주는 일입니다."

민서의 엄마는 충격을 받았다. 그동안 자신이 아이에게 준 기대와 책임이 아이를 오히려 가둬두고 있었다는 사실을 본 것이다. 그날부터 엄마도 변하기 시작했다. 아이에게 조금씩 자유를 주기 시작했다.

민서는 처음엔 그런 엄마의 변화가 어색했지만, 점차 적응했고 마음이 편해졌다. 자신이 정말 무엇을 원하는지, 어떤 일을 좋아하는지 하나씩 천천히 탐색할 수 있었다. 너무 일찍 철이 들어버린 아이는 조금씩 나이에 맞게 성장할 수 있는 공간과 시간을 얻었다.

아이는 아이다워야

나는 철이든 아이들을 한 번은 의심해본다. 아이가 너무 빨리

철이 든 것은 좋은 일일 수도 있지만 오히려 위험 신호일 수 있다. 아이가 아이답게 살아갈 수 있는 기회를 빼앗겼을 가능성이 있기 때문이다. 민서처럼 너무 일찍 어른이 되어버린 아이들에게 필요한 것은 아이를 놓아주는 부모의 태도이다. 아이의 실수와 도전, 시행착오를 존중하고 기다려주는 부모가 결국 아이가 자기답게 성장하는 데 가장 큰 힘이 될 것이다.

쉬는 시간 03

"내가 하고 싶은 걸 하면 안 되는 거야?"

"엄마, 내가 정말 하고 싶은 걸 하면 안 되는 거야? 엄마가 원하는 길을 가는 게 맞는 거야?"

질문의 포인트는 진로에 대한 고민이 아니라, 근본적으로 삶의 자유와 선택에 대한 철학적 문제를 담고 있다. 철학자 아이자야 벌린은 《자유론》에서 자유를 두 가지로 구분한다. 하나는 타인의 간섭이나 제약에서 벗어난 소극적 자유이며, 다른 하나는 자신이 진정 원하는 삶의 방향과 가치를 추구할 수 있는 적극적 자유이다. 이 둘은 양립할 수 없다고 한다.

대부분의 아이들은 부모의 기대와 사회적 압력에서 벗어나 자신만의 길을 가고 싶은 소극적 자유를 원한다. 하지만 아이들에게 알려줘야 할 것은 자신이 원하는 삶이 무엇인지 명확히 알지 못하는 상태에서 스스로 선택하고 책임져야 하는 적극적 자유의 무거움 앞에 서 있는 것이다. 만약 1등급 인생이 있다면 주체적인 삶이다.

아이들의 불안과 혼란은 자신이 추구하고 싶은 적극적 자유가 아직 뚜렷하지 않고, 이를 명확히 하기에는 경험과 시간이 부족한 고등학생이라는 어린 나이의 현실적 제약 때문이다. 앞에서 말한 목적을 배양해야 하는 이유이기도 하다.

유나처럼 고등학교 시기의 청소년들은 자신이 무엇을 진정으로 원하는지 탐색하고 실험해야 할 단계이지만, 현실에서는 부모나 사회가 제시하는 기준과 기대에 따라 빠르게 결정을 내려야 하는 압박 속에서 양립 불가능한 두 가지 자유 중 선택을 해야한다. 따라서 아이들은 '자신이 원하는 삶을 선택할 자유'라는 이상과 '그저 현상태를 벗어나고 싶은 자유' 사이에서 긴장과 갈등을 경험한다.

이 긴장 상황에서 부모와 교사가 취할 수 있는 바람직한 태도는, 아이의 자유를 지나치게 제한하거나 성급히 목표를 정하도록 압박하는 것이 아니라, 아이가 스스로 원하는 삶을 찾아갈 수 있도록 충분한 탐색과 경험의 기회를 제공하는 것이다. 지속적인 압박은 아이로 하여금 소극적인 자유를 선택하게 할 가능성이 높다. 적극적 자유가 실현되기 위해서는 단순한 선택의 가능성만 주어지는 것이 아니라, 자신이 진정 원하는 것이 무엇인지 발견할 수 있도록 돕는 과정이 필요하다. 부모와 아이가 함께 이 긴장을 견디며 자기 이해의 시간을 보낼 때, 비로소 아이는 자기 삶의 진정한 주체로서의 성장을 시작할 수 있을 것이다.

4교시

대화가 아이를 바꾼다

| 01 |

말 한마디에 무너지는 자존감, 다시 세우는 한마디

<u>언어의 힘</u>

고등학교 1학년인 지현이는 최근 들어 성적이 크게 떨어졌다. 초등학교와 중학교 때만 해도 공부를 곧잘 하는 편이었고, 부모님의 기대도 컸다. 그런데 고등학교에 올라가자마자 갑자기 성적이 내려갔다. 지현이는 수학 시험에서 평소보다 낮은 점수를 받았다. 엄마는 성적표를 보고 깜짝 놀라 한마디 던졌다.

"지현아, 이게 뭐야? 이렇게 하면 어떻게 좋은 대학 가니?"

엄마는 단지 아이가 조금 더 자극받아 공부하길 바랐을 뿐이었다. 아이들은 부모의 사소한 표정 하나, 작은 한마디에 민감하게 반응하며, 그런 말들이 아이의 마음 깊숙이 남아버린다. 지현이 역시 그랬다. 엄마의 말이 귀에서 떠나지 않았고, 아이는 점점 자신감을 잃어갔다.

"엄마가 그렇게 말씀하신 이후로는 공부를 하려고 책상에 앉아도 자신이 없어요. 자꾸 제가 못난 것 같고, 이렇게 해서 뭘 할 수 있을까 싶은 생각만 들어요."

아이는 눈물을 글썽이며 말했다. 아이의 자존감이 크게 흔들리고 있었다.

이는 부모와 자녀 사이의 소통에 담긴 언어의 힘, 그리고 아이가 부모의 말을 내면화 하는 것은 누구나 알고 있다. 부모와 자녀 간의 관계에서 가장 중요한 것이 '정서적 교감'이라고 강조하지만 공부에 관해서는 정서적 교감을 보이는 대화가 드물다. 부모가 자녀와 진정한 소통을 하려면 자녀의 감정을 있는 그대로 받아들이고 이해하며, 공감적으로 반응해야 한다. 하지만 지현이의 엄마가 던진 말, "지현아, 이게 뭐야? 이렇게 하면 어떻게 좋은 대학 가니?"는 정서적 교감과는 거리가 멀었다. 아이는 이 말을 자신에 대한 비판과 실망의 표현으로 느꼈다. 정서적 교감이 결여된 언어는 아이의 자존감을 쉽게 무너뜨릴 수 있다.

타인에 의해 형성되는 자아

인간의 자아는 타인의 언어를 통해 형성된다. 라캉에 따르면 아이는 부모의 말을 단순히 소리로 듣는 것이 아니라, 그 말 속에 담긴 상징적 의미를 통해 자기 자신을 규정짓는다. 엄마의 무심한 말 한마디가 아이에게 "너는 부족한 사람이다.", "너는 실패할 가능성이 크다."는 강력한 상징적 메시지를 심어줄 수 있다. 이로 인해 아이는 스스로에 대한 부정적 이미지를 형성하게 된다. 지현이는 엄마의 말을 내면화하여 자신의 정체성을 부정적으로 재구성하게 되었음을 명확히 보여준다. 핀잔을 주지 말라는 것은 아니지만, 엄마의 말은 긍정적으로든 부정적으로든 그 힘이 막강하다. 지현이에게 엄마의 말은 자신의 자존감을 규정하는 상징적 질서로서 작용했다.

가끔은 따끔하게 혼을 내야하기도 하지만, 아이의 내면 세계 질서와 점수를 택하라면 나는 내면의 질서를 택하라고 권한다. 점수는 후차적이다. 아이의 내면질서가 바로 잡히면, 따끔한 혼냄도 알아듣는다.

아이가 내면의 질서를 회복하고 잡아가기 시작하면, 몇 가지 명확한 신호가 나타난다.

첫째, 정서적 안정과 편안함이 느껴진다. 아이가 부모와의 대화에서 긴장하거나 불안해하는 모습이 줄어들고, 부모와 눈을 마주치며 편안하게 이야기를 나누기 시작한다. 자존감이 회복된 아이는 타인의 평가에 예민하게 반응하지 않고, 스스로의 감정을 자연스럽게 표현할 수 있게 된다.

둘째, 자기 주도적인 행동과 태도가 증가한다. 아이는 내면 질서가 자리 잡으면 자신의 일상과 공부, 친구 관계에서 이전보다 적극적이고 자발적인 태도를 보인다. 스스로 선택하고 결정하는 경험이 늘어나고, 부모가 일일이 간섭하지 않아도 자신만의 규칙을 세워 스스로를 통제할 수 있는 능력을 보인다.

셋째, 회복 탄력성이 높아진다. 작은 실패나 실수에도 자책하거나 쉽게 좌절하지 않고, 스스로를 격려하며 다시 시도하는 모습을 보인다. 이는 내면의 질서가 잘 잡힌 아이들이 갖추는 중요한 특성으로, 아이는 스스로를 존중하고 긍정적으로 평가하기 때문에 실패에 대한 두려움보다는 회복의 기회를 더 자주 만들어 낸다.

넷째, 소통이 건강해진다. 아이가 부정적이고 단절적인 대화를 하기보다, 자신을 둘러싼 문제나 고민을 부모에게 자연스럽고 솔직하게 표현한다. 아이는 더 이상 내면에 불안이나 불만을 억압하지 않고, 말이나 행동을 통해 적절히 표현하고 해소하려는 모습을 보이게 된다.

이러한 변화들은 아이가 내면 세계의 균형과 질서를 회복했음을 보여주는 가장 확실한 지표다. 이를 참고하면 아이의 내면 질서가 어떤지 파악하고 언어 사용을 절제할 수 있다. 부모의 말이 자존감을 무너뜨릴 수도 있지만, 동시에 자존감을 회복하고 성장하게 할 수도 있다. 아이의 마음속에 어떤 말을 심어줄 것인지는 부모의 손에 달려 있다.

이미 아이에게 좋지 못한 말을 쏟아 냈다고 걱정할 필요는 없다. 부모의 말은 아이의 자존감을 쉽게 흔들기도 하지만, 또한 무너진 아이를 다시 세울 수 있는 가장 큰 힘이기도 하다. 다시 아이에게 질서를 세워줄 말을 건낸다면 천천히 아이는 회복할 수 있다. 아이의 성장을 돕는 것은 큰 기대나 부담스러운 목표가 아니라, 작은 칭찬과 격려라는 사실을 잊지 말아야 한다. 그 작은 변화가 결국 아이의 마음을 움직이고, 아이의 인생을 바꿀 수 있는 힘이 된다.

| 02 |

엄마의 말습관이
아이의 인생을 만든다

엄마의 말 습관과 자기효능감

고등학교 1학년 지민이가 자신감을 잃고 의기소침해졌다. 단순히 공부를 못하거나 성격이 변해서가 아니다. 그 중심에는 엄마가 습관적으로 던지는 부정적인 말 한마디가 있었다. "왜 이렇게 못해?" 같은 부정적 언어는 지민이의 마음 깊은 곳에 자리 잡아 자존감을 서서히 허물어뜨리고 있었다.

아이가 입시에 능력을 발휘하기 위해서는 자기효능감이 필요하다. 인간이 특정 행동이나 과제를 수행할 수 있다는 자신의 능력에 대한 믿음, 즉 자기효능감이 행동과 성취에 결정적 영향을 미친다. 자기효능감이 높은 아이는 어려움 앞에서도 쉽게 포기하지 않고 도전하는 반면, 자기효능감이 낮은 아이는 작은 좌절에도 쉽게 무너지고 자신을 비하하게 된다.

지민이는 엄마의 부정적인 언어 습관 때문에 스스로를 그저 그런 사람으로 생각했다. 전형적인 자기효능감 손상 상태였다.

"엄마가 항상 왜 이렇게 못하냐고 하실 때마다 제가 정말 못난 사람처럼 느껴졌어요. 엄마는 그냥 별뜻 없이 한 말일지 모르겠지만, 저는 그 말이 제 귀에서 떠나지 않아요."

지민이는 엄마의 부정적 평가를 지속적으로 듣는 과정에서 자기효능감이 점점 떨어졌고, 결국 자신의 능력과 가능성마저 의심하게 되었다. 지민이의 자기효능감 저하는, 자신의 가능성을 실현할 수 있는 동력 자체가 약화됐다는 의미이기도 하다. 자기효능감이란 자신이 특정 목표나 과제를 성공적으로 수행할 수 있다는 믿음인데 이것이 낮아지면 아이는 아무리 뛰어난 능력을 가지고 있어도 그 가능성을 제대로 펼치지 못하게 된다. 부모의 부정적 평가는 아이의 자기효능감을 훼손하고, 자기효능감의 훼

손은 다시 아이가 자신의 가능성을 실제로 실현하는 것을 방해하는 악순환을 만들어낸다. 따라서 아이가 자신의 가능성을 충분히 발휘하기 위해서는 자기효능감을 긍정적으로 형성하고 유지하는 것이 필수적이며, 부모는 그 핵심 매개체로서 긍정적이고 지지적인 언어를 사용해야 한다.

부모가 아이에게 전해야 할 진정한 언어는 부정적 평가나 비교가 아니라, 아이의 강점과 가능성을 믿어주는 격려와 지지의 말이다. 부모의 말은 단순히 순간의 표현이 아니라 아이의 장기적인 자기효능감 및 자기 신뢰를 형성하는 중요한 힘이다. 아이의 자존감을 회복시키기 위해서는 부모가 자신의 언어 습관을 점검하고 아이가 스스로에 대해 긍정적인 믿음을 가질 수 있도록 도와주는 언어를 사용해야 한다.

| 03 |

"네가 하려는 걸 믿어"라는 말의 힘

현실적으로 생각해라

지민이의 반대도 있다. 고등학교 2학년인 예나는 최근 들어 진로 문제로 고민이 많았다. 성적은 꾸준히 유지하고 있었지만, 자신이 진짜 원하는 길을 찾지 못하고 방황하고 있었다. 부모님과 상담 교사는 안정적이고 보장된 직업을 추천했고, 예나는 그 의견을 거부하지는 않았다. 하지만 어느 날, 학교에서 열린 작은 강연을 듣고 난 후 예나는 처음으로 진짜 하고 싶은 일을 발견했다.

"저도 영상 만드는 일을 하고 싶어요."

조심스럽게 엄마에게 말을 꺼냈지만, 엄마는 금세 불안한 얼굴을 하고 말했다.

"영상 같은 건 취미로 해. 현실적으로 생각해야지."

예술로 돈을 번다는 것은 쉽지 않다. 특히 주변에 감독을 하겠다고 나갔던 친구들 중 아주 잘 된 경우는 드물었다. 엄마의 말도 이해는 간다. 예나도 엄마의 마음을 이해는 하고 있다.

"엄마의 말이 틀린 건 아니에요. 하지만 엄마가 제가 하려는 걸 믿어주지 않으니까, 제 스스로도 정말 이 길을 가도 되는지 자신이 없어졌어요. 제가 잘못된 선택을 하고 있는 건 아닌지, 제가 한심한 건 아닌지 그런 생각만 들어요."

라는 말로 인해 깊은 혼란과 무력감을 느끼게 된 이유는, 아이가 진로 선택 과정에서 부모로부터 가장 필요한 요소 중 하나인 '믿음'을 얻지 못했기 때문이다. 웃긴 말이지만, 마흔 전에 사업을 하면 두 번은 망해도 된다고 한다. 나도 사업을 몇 차례 했고, 크게 키우기도 했고, 실패하기도 했다. 이 과정에서 나는 사람에게는 실패할 권리가 있다고 생각했고, 실패해도 일어설 수 있게 만들어주는 건 주변의 믿음이라고 생각했다. 특히 가족의 지지는 실패 가운데 큰 힘이 되었다.

무조건적인 존중

심리학자 칼 로저스는 무조건적인 긍정적 존중을 이야기 한다. 특히 자녀에게는 부모로부터의 무조건적인 긍정적 존중이 필요하다. 무조건적인 긍정적 존중이란 상대방이 가진 잠재력과 가능성을 믿어주고 지지하는 태도로, 아이의 자존감을 키우는 데 결정적인 역할을 한다. 조건적인 존중은 부수적으로 어떤 조건이 있어야만 존중해주는 태도이다. 이런 조건적인 존중은 마치 비지니스적 태도에서 자주 볼 수 있다. 네가 이렇기 때문에 나는 너를 존중한다. 하지만 부모가 조건적인 존중을 한다면, 아이에게 너무 가혹하지 않을까? 부모가 아이의 선택과 결정에 믿음을 보내주지 않을 때 아이는 스스로를 신뢰하지 못하게 되고, 결국 자신에 대한 믿음이 흔들리면서 심각한 정체성 혼란과 불안에 빠지게 된다.

나는 이 무조건적인 존중이 아이의 실패할 권리와 연결된다고 생각한다. 물론 게을러서 실패하는 경우 같은 것은 배제하자. 열심히 자신이 하고 싶은 것을 찾다가 실패하는 경우는 무조건적인 존중이 필요하다. 어릴 때 실패를 경험하는 것은 큰 자산이다.

실패를 다루는 법을 알게 되고, 실패는 하나의 과정이라는 것을 깨닫게 된다. 무조건적인 존중은 이 실패를 딛고 일어나는 것을 돕는다.

아이가 만들어가는 이야기

아이는 실패를 겪고 일어나며, 자신의 서사를 완성해 나간다. 어른들의 시시콜콜한 옛날 이야기라고 생각하는 것들이 알고보면 한 사람이 쌓아온 인생의 서사이다. 인간은 자신을 이해하고 정체성을 형성하는 방식은 '이야기'를 통해 이룬다. 남자들의 군대 이야기만 봐도 그 힘든 시간을 견디고, 희화해 자신의 이야기로 만들어 나간다. 인간은 자신을 둘러싼 이야기 속에서 자신이 누구인지 정의하고, 그 이야기를 통해 자기 삶을 해석하고 구성해 간다는 것이다.

부모의 긍정적 믿음은 아이가 자신에 대해 스스로 긍정적인 자기 이야기를 써내려갈 수 있도록 도와준다. 반대로 부모의 불안과 부정적 판단은 아이가 자신의 이야기를 부정적이고 불안한 시선으로 바라보게 만들며, 결국 아이의 자기 정체성과 미래에 대한 자신감을 무너뜨리게 된다. 동화 속에 등장하는 부정적이 상황을 극복하고 스스로 영웅에 등극하는 이야기는 현실에서 이

뤄지기 어렵다. 현실은 동화보다 각박하고, 아이들에게는 응원이 필요하다.

예나에게 필요한 것은 엄마가 현실적이고 안정적인 선택을 권유하는 것이 아니라, 아이가 스스로의 이야기를 발견하고 만들어 가는 과정을 믿어주는 것이다. 아니면 예나의 실패가 두려운 것은 부모일 수도 있다. 아이가 자신의 이야기를 충분히 탐색하고 발전시킬 수 있도록 믿고 지지하는 것이다.

나중에 예나가 영상 관련 학과를 들어갔다는 이야기를 들었다. 나는 예나의 엄마가 이렇게 말했을 것으로 생각한다.

"예나야, 엄마가 잠깐 잘못 생각한 것 같아. 엄마는 사실 네가 뭘 선택하든 믿고 있어. 네가 정말 하고 싶은 일이면, 엄마도 너를 믿고 지지할게."

자식 이기는 부모는 없다.

| 04 |

사과할 줄 아는 엄마가 믿음을 쌓는다

 고등학교 1학년인 현준이는 최근 들어 엄마와 갈등이 잦았다. 사소한 말다툼이 있으면 현준이는 곧바로 자기 방에 들어가 문을 걸어 잠갔다. 엄마는 아이가 이렇게 변한 이유를 이해하지 못했다. 어느 날, 현준이는 상담실에서 작은 목소리로 말했다.
 "엄마는 잘못을 해도 절대 미안하다고 안 하세요. 늘 제가 잘

못한 것처럼 말씀하세요."

나는 부모가 먼저 사과하는 일이 얼마나 중요한지 수없이 경험했다. 부모가 아이에게 사과하는 건 쉬운 일이 아니다. 대부분의 부모는 자신이 아이 앞에서 사과하면 권위가 흔들릴까 봐 걱정했다. 하지만 부모가 아이에게 진심으로 사과할 때, 아이는 부모를 더 신뢰하고 존중하게 된다.

현준이가 방문을 잠그는 것은 엄마와의 신뢰 관계가 흔들리고 있다는 신호다. 다음 날에 평상시와 같이 나와서 밥을 먹겠지만, 아이와 신뢰 관계는 천천히 금이 간다. 현준이의 상담에서 나타난 핵심적인 문제는 바로 엄마가 갈등 상황에서 한 번도 아이에게 진심으로 사과하지 않았다는 점이다.

부모와의 관계에서 느끼는 안정감과 신뢰가 이후 인생 전체의 관계 형성에 영향을 미친다. 아이와 부모의 관계는 단지 부모가 아이를 보호하는 차원을 넘어, 상호적인 신뢰와 공감의 관계를 맺는 첫 사람이다. 부모가 아이에게 정직하고 진심으로 대할 때 강화되며, 특히 부모가 자신의 실수를 솔직히 인정하고 아이에게 진심으로 사과할 때 더욱 견고해진다.

아이에게 사과하지 않는 이유

문제는 부모들이 흔히 저지르는 실수는 사과를 약자의 행동이나 부모의 권위를 떨어뜨리는 행위로 오해한다는 것이다. 실제로 부모의 사과가 아이와의 정서적 애착을 튼튼히 하고, 아이가 부모를 신뢰할 수 있도록 만드는 강력한 행동이다. 상대방이 진정한 사과를 받았을 때는 다음과 같은 심리적 변화가 유발된다.

첫째, 아니는 정서적 안정감과 존중감을 느낀다. 사과는 상대의 감정을 인정하고 존중하는 메시지이므로, 사과를 받은 사람은 자신이 상대에게 중요한 존재로 대우받고 있다고 느끼게 된다.

둘째, 관계 회복에 대한 신뢰감이 생긴다. 사과는 관계 회복을 위한 첫걸음으로서, 상대방은 사과를 통해 앞으로의 관계에 대한 긍정적 기대와 신뢰를 가지게 된다.

셋째, 아이로 하여금 자신의 감정을 자연스럽게 표현하고 개방할 수 있는 심리적 여유를 갖게 된다. 진심 어린 사과를 받으면 억눌려 있던 감정을 해소할 수 있는 기회를 제공받고, 더 깊은 소통을 위한 마음의 문을 열게 된다.

마지막으로, 상대방은 사과를 받은 후 상처나 갈등의 감정을 완화하고 긍정적인 방향으로 나아갈 수 있는 회복 탄력성을 얻게 된다. 사과는 상대방이 감정의 응어리에서 벗어나 더 성숙하고 건강한 관계를 만들어갈 수 있는 계기가 된다.

현준이 엄마와 비슷한 경우의 부모를 상담한 적 있다.

"그동안 저는 아이에게 늘 강하게만 말했어요. 아이를 설득하거나 훈계하려 했지, 제가 먼저 미안하다고 말한 적은 없었던 것 같아요."

사실 현준이와 엄마의 관계에 내가 침투해서 이렇게 하라라고 말할 권리는 없다고 생각했고, 엄마와 현준이의 관계가 일시적으로 안좋아진 거라고 생각을 했다. 현준이는 문제 없이 학원을 다녔고, 가끔 엄마가 현준이를 데리러 오는 것을 보니, 사이가 완전히 틀어진 것은 아니었다.

쉬는 시간 04

열린 마음으로 경청하기

경청은 특별한 능력이 있다. 주의 집중해서 아이의 목소리르 듣는 행위는 아이로 하여금 아이의 말이 부모에게 얼마나 용납되고 있는지 보여주기 때문이다. 사람의 마음은 자신에게 열린 마음이 있는 이를 향한다. 부모가 아이의 내적 세계에 대해 열린 마음으로 경청할 때 아이는 부모가 자신의 이야기를 들어줄 준비가 되었다는 것을 깨닫고, 비로소 자신의 진심을 드러낸다.

듣는 것은 늘 타인으로 하여금 관계를 늘 '지금' 시작할 수 있도록 해준다. 내가 지금 말해도 받아 들여 줄 것이라는 생각에 자유롭게 말할 수 있다. 어느때에 말해도 자신을 '지금' 용납해 줄 것이라는 느낌은 아이로 하여금 큰 고양감을 준다. 가끔 나도

귀찮을 때는 집에 있는 아이의 자랑을 듣는 둥 마는 둥 한다. 그럴때면 아이는 신나서 이야기하다가 그냥 자기 자리로 돌아간다. 그럼에도 내가 자주 아이의 말을 경청하기에 아이는 '지금' 말해도 아빠가 들어줄 것이라는 짐작을 한다. 늘 이야기를 시작해도 괜찮을 가능성이 경청안에 들어있다.

아이가 말을 하지 않아서 마음 고생하는 엄마는 수두룩하다. 경청의 기회조차 없는 것이다. 지금 들어줄 수 있는데 그 기회가 없다는 사실은 둘의 관계가 소극적으로 변한다. 피상적인 '밥 먹었니?' 혹은 '지금 어디야?' 같은 말 만을 되풀이 하게 된다. '지금' 말해도 되는 가능성이 소실된 것이다.

부모에게 필요한 것은 판단이나 비판을 내려놓고 아이가 다가올 수 있는 충분한 공간을 만들어주는 것이다. 판단이나 비판을 할 수 있는 것도 경청 이후의 일이다. 아이가 자신의 감정과 내면을 진심으로 표현한 뒤다.

5교시

자존감이 흔들릴 때 아이를 붙잡는 법

| 01 |

시험 실패가 아니라 자존감 실패다

시험 실패는 자존감 실패?

예진이는 시험에서 크게 실망스러운 결과를 받았다. 평소 성적이 우수했던 아이였기에, 이번 결과는 충격이었다. 시험지를 받아 든 예진이는 스스로가 한심해, 자신감이 무너졌다. 집에 돌아온 아이는 엄마에게 시험지를 내밀면서 조용히 말했다.

"엄마, 미안해요. 이번에 많이 망쳤어요."

엄마는 순간 굳은 표정으로 시험지를 보았고, 깊은 한숨을 쉬었다. 아이는 엄마를 통해 성적에 대한 실망이 아니라 자존감까지 흔들린다는 사실을 깊이 느꼈다. 많은 부모들은 시험 성적이 떨어졌을 때 아이의 공부 방법을 먼저 지적하고 아이를 다그친다. 실제로 아이들이 받는 상처는 점수가 아니라 '자신이 부족하고 잘못된 사람이라는 자책'이었다.

나는 예진이가 도무지 공부를 하지 못하고 패배 감정에 휩싸여 있어 부득이 엄마와 만나 아이의 상태를 설명했다. 사실 내가 예진이에게 느낀 것은 위기감이었다. 마치 나의 어린 시절을 보는 것 같았다.

"아이에게 지금 필요한 건 성적이 아니라 자존감을 먼저 회복하는 일입니다. 시험에서 실패했을 때 아이가 무너지는 이유는 점수 때문이 아니라, 부모가 자신을 인정하지 않을까 봐 두려워하기 때문이에요."

이 말은 아이들이 시험 실패를 자기 존재에 대한 근본적 부정으로 느끼고 있다. 부모는 문제를 지적했을 뿐인데 말이다. 아이가 문제를 해결할 수 있는 것은 문제를 지적 당하는 것이 아니라 안정감을 느낄 때이다. 나도 학원을 운영하면서 골머리를 싸맨다. 안정감이 없으면 문제를 해결할 수 없다. 그럴 때 산책을 가곤 한다. 아이도 마찬가지다. 문제를 해결하기 위해선 안정적인 환경이 조성되어야 한다.

노력과 자책

노력과 자책은 같은 물길을 흐르는 듯 보이지만, 실제로는 서로의 흐름을 갉아먹는다. 자책이 스며든 노력은 동기가 아니라 벌이 된다. 아이는 더 오래 앉아도 호기심이 마르고, 시도는 좁아진다. 결과와 나를 동일시할수록 "더 열심히"는 "더 자신을 미워하기"로 변하고, 그 미움은 다음 시도 앞에서 몸을 굳게 만든다. 노력은 자기평가에서 분리되어야 한다. 점수는 피드백이고, 사람은 존엄의 대상이다. 이 경계가 서야 에너지는 방황이 아니라 계획한대로 흘러간다. 실패는 나를 정의하지 않고, 다만 다음 계획의 재료가 된다.

자책은 마음을 좁히고 수치심을 야기한다. 수치심이 개인의 시선을 바닥에 고정하면, 실수의 원인은 '나 전체'가 되어버린다. 그때 계획은 "완벽해야만 하는 계획"으로 굳어 시작이 미뤄지고, 회피와 미루기가 습관이 된다. 완벽주의자들 중에 회피형이 있는 이유와 비슷하다. 하지만 이는 마비와 같다. 마비 위에 성장이 서지 않는다.

자책에서 빠져나오는 길은 단단한 위로와 냉정한 구조를 동시에 세우는 일이다. 먼저 사람과 점수를 분리한다. "너는 실수했고, 그것은 일어난 일이지만, 너는 실수가 아니다." 다음으로 감정을 이름 붙인다—수치, 두려움, 분함—이름 붙일 때 무게가 줄어든다. 24시간 규칙을 둔다: 하루는 쉬고, 그다음 날 '무엇을 바꿀까' 세 가지를 적는다.

- 분석하며 과정에 묻는다(시간 배분, 문제 선정, 피드백 루틴).
- 아주 작은 약속을 만든다(하루 20분 복기, 오답 5문항 재출제).
- 즉시 실행한다.

사랑은 고정값, 계획은 변수

아이의 안정은 가족으로부터 온다. 아이는 가족과의 관계 속에서 스스로가 존중받고 사랑받고 있다는 감정을 느낄 때, 자기 내면에 안전한 공간이 형성된다. 그 공간이 만들어지면 아이는 실패를 단지 과정으로 받아들일 수 있게 되고, 자신의 부족함을 부정하기보다 다음 번에는 어떻게 더 잘할 수 있을지 자연스럽게 고민할 수 있게 된다. 실패에 대한 극복은 이렇게 시작한다. 아이에게 필요한 것은 단순히 문제를 지적하는 부모가 아니라, 문제가 생겼을 때 마음을 기댈 수 있는 든든한 존재다. 부모가 그런 존재가 될 때, 아이는 실패 속에서도 쉽게 흔들리지 않고 안정된 내면을 유지하며 앞으로 나아갈 수 있는 힘을 얻는다. 앞에서 이야기했지만, 아이는 인정을 받기 위해 끊임없이 노력하고 있다. 이 노력에는 당연히 부침이 있고, 가족은 쉴 공간이 되어줄 필요도 있다.

예진이가 시험지를 내밀었을 때, 엄마가 해야 할 최선의 대응은 공감과 인정의 언어로 아이의 마음을 먼저 받아주는 것이다.

"많이 힘들었겠다. 너도 이번 결과에 속상했겠다. 엄마는 네가 얼마나 노력했는지 알고 있어."

엄마의 위로를 들은 예진이는 눈물을 흘렸다. 예진이가 원하던 안전지대에 들어선 것이다. 엄마의 진심 어린 한마디가 아이의 흔들린 자존감을 다시 붙잡아 주었다.

| 02 |

자책보다 회복이 빠른 아이로 키우기

 고등학교 1학년인 지수는 성적이 떨어질 때마다 자신을 심하게 자책했다. 시험에서 작은 실수를 해도 며칠 동안 스스로를 비난했다.

 "난 왜 이렇게 못하지?", "내가 다 망쳤어."

 같은 말이 지수의 습관처럼 굳어졌다. 엄마는 아이가 그렇게 스스로를 몰아세우는 모습이 안타깝고 걱정되었다. 하지만 엄마

역시 아이에게 건네는 말이 늘 결과 중심이었다. "다음에는 실수하면 안 된다."고 강조하거나, "더 노력해서 좋은 성적을 받아야지."라고 자주 말했다. 지수와 엄마는 서로 동조하면서 더 부정적인 방향으로 향하고 있었다.

회복탄력성

회복탄력성은 누구나 알고 있다. 어려운 상황과 좌절을 겪더라도 다시 일어나 극복할 수 있는 능력이다. 회복탄력성이 높을수록 실패를 겪었을 때 스스로를 비난하거나 무력감에 빠지는 대신, 그것을 성장의 기회로 받아들이고 자신의 강점을 찾으며 다시 도전할 힘을 얻는다. 반대로 회복탄력성이 낮은 아이들은 작은 좌절에도 쉽게 무너지고, 그 실패를 자신의 존재 자체에 대한 부정으로 받아들인다. 우리는 이걸 끈기라고 부르기도 한다. 힘들어도 훌훌 털고, 다시 자신의 본분으로 돌아가는 힘이다. 회복탄력 성이 좋을 수록 장기적으로 꾸준히 노력하고 좌절과 어려움을 견디면서 성장하는 경우를 더러 봤다. 비록 성적이 낮더라도 말이다. 누구는 집요함이라고 부른다.

지수가 자책에 쉽게 빠져, 자신의 실패에 함몰되다 보니, 회복탄력성이 떨어졌다. 다른 아이들에 비해 더 쉽게 우울해졌고, 기분에 따라 학업이 들쭉 날쭉 했다. 내적 힘을 길러줄 필요가 있었다.

부모가 회복탄력성을 키우기 위해 실천할 수 있는 가장 효과적인 방법 중 하나는 결과보다는 과정에 초점을 맞추고, 아이의 노력을 진심으로 인정해주는 것이다. 예컨대, 지수가 시험에서 실수를 했을 때 부모가 할 수 있는 가장 좋은 말은,

"고생했다. 앞으로의 성장이 기대된다."

와 같은 격려의 말이다.

이런 과정 중심의 언어가 반복될 때 아이는 실패를 결과가 아니라 최종 성취를 위한 과정을 받아들이게 된다. 실패가 결과가 아닌 과정이 된다는 말은 실패가 누구나 겪을 수 있는 자연스러운 성장 과정의 일부가 된다는 말이다. 그 과정에서 아이는 회복탄력성을 키우고, 한 번의 실패에 좌절하지 않고 꾸준히 노력하고 도전하는 그릿(한 발 더 내딛는 꾸준함)을 기르게 된다.

| 03 |

정말로 과정을 중요하게 볼 필요가 있을까?

정말로 과정이 중요한가?

고등학교 2학년 예진이는 학교에서나 집에서나 늘 성실한 아이라는 평가를 받았다. 시험 준비를 할 때마다 열심히 노력했고, 작은 실수라도 하면 스스로를 엄격하게 다그쳤다. 시험이 끝나고 점수가 잘 나올 때면 엄마는 흐뭇해하며 친구들에게 딸의 성적을 자랑했다.

수많은 부모들이 성취와 성과에 집중하며 아이를 독려했다. 하지만 그런 성과 중심의 칭찬은 아이가 늘 좋은 성적을 유지해야만 사랑받는다는 불안감을 키웠다. 내가 상담실에서 만난 많은 학생들은 자신이 성취한 결과가 아니라, 결과 뒤에 숨겨진 자신의 노력과 마음을 봐주길 원하고 있었다.

"이번엔 진짜 열심히 했다고요."

이런 이야기를 하면 부모님은

"가슴에 손을 얹고 생각해봐 진짜 열심히 했어?"

라고 말한다.

내가 나이가 많지 않지만, 그 간 깨달은 것은 노력이 반드시 결과에 정비례하지는 않는다는 사실이다. 냉혹한 현실이지만, 결과는 운 이외에도 다양한 것의 영향을 받는다.

예진이 역시 나와의 상담에서 마음속 깊이 숨겨두었던 속내를 털어놓았다.

"저는 성적이 잘 나오면 엄마가 좋아하셔서 열심히 했어요. 그런데 성적이 안 좋으면 엄마의 표정이 달라져요. 그래서 저는 그냥 성적표가 무서워요. 저 자신이 좋아서 공부하는 게 아니라 엄마의 표정을 관리하기 위해서 공부하는 것 같아요."

나는 스스로 질문했다. 과정이 정말로 중요하다면 예진이는 왜 이런 고민을 해야할까? 실제로 많은 부모들이 아이의 성적과 결과에만 주목한다. 안타깝지만 입시의 당락도 결과에 따라 다르다. 우리는 입시를 통해 배워야 하는 것은 삶에 임하는 태도다. 정승재 강사도 입시를 통해 배워야 할 것은 삶에 임하는 태도라고 했다. 아이가 목표를 이루기 위해 노력했던 과정과 감정에 대해서는 충분히 인지하지 못하는 경우가 많다. 그러나 아이는 결과를 얻지 못하더라도, 과정을 통해 지속적으로 성장한다. 실제 목표가 성장이라면(성적도 성장이기에) 과정에 집중할 필요가 있다.

피드백은 과정에

교육학자 존 해티는 학생 성적과 학습 성장에 가장 큰 영향을 미치는 요소 중 하나로 '피드백'을 꼽는다. 해티에 따르면, 아이가 특정 성과를 이루기까지의 노력과 과정에 대한 구체적이고 긍정적인 피드백은 아이의 학습 능력을 눈에 띄게 향상시킨다. 즉, 아이가 어떤 노력을 했고, 어떤 방법이 좋았는지 구체적으로 인정해주는 피드백은 아이가 자신의 학습 과정을 더욱 효과적으로 이해하고, 앞으로 더 나은 전략을 세우는 데 도움을 준다.

예진이의 사례에 적용하자면, 엄마가 시험 결과보다는 아이의 노력과 과정에 대해 인정과 칭찬을 제공하는 것이 곧 강력한 피드백이 된다. 실질적으로 아이의 학습 능력과 학업 성취도를 높이는 중요한 촉매가 된다. 부모가 결과가 아니라 과정에 집중하며, 아이가 노력한 방식을 긍정적으로 바라볼 때, 아이는 실패와 성공을 초월해 꾸준히 성장할 힘을 얻는다. 아이가 결과에 집중해 얻는 보상과 과정에 집중해 얻는 보상을 비교해 보자. 결과를 얻기 위해 꾸준히 노력하고, 얻는 보상은 전 과정을 통해 한 번뿐이다. 하지만 공부하는 태도, 즉 과정에 대한 보상은 매 순간 얻을 수 있다. 즉각적이고, 지속적이다. 과정에 대한 부모의 인정과 칭찬은 아이의 마음에 동기부여의 씨앗을 심고, 아이는 이 씨앗을 바탕으로 더 큰 성취와 성장을 이루게 될 것이다.

엄마는 나의 말을 듣고 깊은 생각에 빠졌다. 그동안 아이의 성적이 좋으면 당연한 듯 자랑했고, 성적이 나쁘면 곧바로 아이에게 실망감을 드러냈다는 것을 깨달았다. 시험 결과가 좋지 않아도, 엄마는 말을 한번 삼켰다. 그리고

"네가 얼마나 열심히 했는지 엄마는 다 알아."

라고 말했다. 아이는 자신이 정말로 원했던 것이 성적에 대한 칭찬이 아니라, 자신의 마음과 노력을 인정해주는 부모의 이해였다는 사실을 깨달았다.

| 04 |

"결과가 다는 아니야"라는
말이 통하려면

고등학교 1학년인 지유는 최근 시험에서 원하는 성적을 받지 못했다. 늘 상위권 성적을 유지했던 아이였기에, 이번 결과는 더욱 충격적으로 다가왔다. 시험지를 받아든 날, 지유는 침울한 표정으로 집에 돌아왔다. 엄마는 아이의 표정을 보고 말했다.

"지유야, 괜찮아. 결과가 다가 아니야."

하지만 아이는 그 말을 듣고 오히려 더 슬퍼졌다. 그 말이 아이에게는 위로가 아닌, 오히려 더 큰 부담으로 다가왔다. 아주 좋은 위로다. 하지만 지유에게 왜 저 말이 통하지 않았을까?

지유는 상담에서 나에게 이렇게 말했다.

"엄마는 제가 시험을 망쳤을 때 항상 결과가 다가 아니라고 하세요. 그런데 저는 오히려 그 말이 더 슬퍼요. 왜냐하면 엄마가 결과를 중요하게 생각하지 않는다고 말씀하시지만, 사실 저는 엄마가 결과를 얼마나 신경 쓰는지 알거든요. 그런 말이 진심으로 느껴지지 않아요."

지유가 시험에서 기대 이하의 성적을 받은 뒤 엄마가 건넨 말,

"괜찮아. 결과가 다가 아니야."

는 표면적으로는 위로와 격려의 말이다. 하지만 지유가 이 말을 오히려 더 큰 부담과 슬픔으로 느낀 이유는 엄마의 말이 진정성 있게 다가오지 않았기 때문이다.

상황에 따라 변하는 언어의 특성

아이에게 사용하는 언어는 상황에 따라 같은 말도 변모한다. 예를 들어 친구끼리 농담으로 "야, 너 미쳤다!"라고 말하면 상대의 예상 밖 재능이나 웃긴 행동을 칭찬하는 의미일 수 있다. 화

난 부모가 "너 미쳤어?"라고 소리치면 같은 단어도 꾸짖음이나 비난으로 들린다. 똑같이 "미쳤다"는 표현이지만, 함께 있는 사람들과 상황이라는 언어게임의 규칙이 다르면 전혀 다른 메시지가 된다.

말의 뜻은 그 말이 쓰이는 상황 속에서 정해진다. 지유의 엄마가 건넨 "결과가 다가 아니야."라는 말도 마찬가지이다. 평소엔 위로로 통할 수 있는 말이지만, 시험에 실패해 상심한 아이에게는 그 맥락에서 다른 의미로 다가온 올 수 있다. 언어의 의미는 고정된 문장이 아니라, 누구에게 언제 어떻게 말하느냐에 따라 결정된다.

우리는 시험이라는 특수한 상황을 살펴봐야한다. 심리 상담 전문가들의 지적에 따르면, 많은 아이들이 시험 실패를 자신의 존재 전체에 대한 부정으로 받아들이는데, 정작 부모는 문제 하나를 지적했을 뿐이라고 생각한다. 둘의 상황이 다르다. 아이가 느끼는 시험의 무게는 부모가 느끼는 시험의 무게와 현격히 다르다는 사실을 인정한 후에야 비로소 둘의 대화가 가능하다.

가능한 명확한 문장 쓰기

우리는 같은 말을 한다면 의미가 같다고 오해한다. 부모와 자녀 사이에는 해석의 간극이 존재한다. 그 간극을 메우는 일이 바로 서로의 지평을 이해하려는 노력, 즉 공감과 대화이다. 부모가 아이의 입장에서 생각해 보고, 아이도 부모의 진심을 느낄 수 있을 때 비로소 말이 통하는 공감대가 만들어진다. 다시 말해, 부모와 아이가 같은 지평 위에 설 때 언어가 제대로 된 의미작용을 한다는 뜻이다. 지유의 사례에서, 만약 엄마가

"결과가 중요하지 않다는 건 알겠지만, 지금 네 마음이 얼마나 속상한지도 알아."

함축적이고 추상적인 문장보다 구체적이고 명확한 문장을 사용했더라면 어땠을까? 그리고 엄마의 경험을 덧붙여서

"엄마도 너처럼 노력하다 실수한 적이 있어. 정말 속상하지… 하지만 괜찮아, 그럴 수도 있는 거야."

라고 이야기한다면, 아이는 조금 더 위로와 안정감을 얻었을지도 모른다. 관점이 다르고 해석이 다르다는 말은 결국 언어 사용에서 서로의 눈높이와 맥락을 맞추는 소통이 필요하다는 의미이기도 하다. 실천적으로 다음과 같은 과정이 필요하다.

- 아이의 맥락과 감정 먼저 공감하기

아무리 옳은 말도 아이의 감정을 선행해서 살피지 않으면 마

음에 닿지 않는다. 아이가 슬퍼하거나 속상해할 때는, 조언이나 위로의 내용보다 공감의 태도를 먼저 보여야 한다.

- 언어 사용의 눈높이 맞추기

아이와 같은 언어게임을 하고 있는지 확인해야 한다. 내가 전하는 말이 지금 아이에게 유효한 맥락의 언어인지 생각해본다. 진심을 담되, 간결하고 명료하게: 아이들은 길고 복잡한 설교보다 짧지만 진심 어린 말에 반응한다. 부모의 진심이 담긴 언어는 아이에게 안전한 쉼터가 된다.

- 신뢰의 기반 쌓기

평소에 부모와 아이 사이에 신뢰와 안전감을 쌓아두는 것이 중요하다. 아이가 부모의 사랑을 굳게 믿고 있다면 작은 말의 차이나 실수는 쉽게 넘길 수 있다

부모가 아이에게 '결과가 다가 아니다.'라고 말할 때, 진짜 그 말이 힘을 가지려면 부모 스스로가 결과보다 과정을 진심으로 중요하게 생각해야 한다. 부모가 말과 행동에서 일관된 모습을 보여야 아이가 그 말을 진심으로 받아들일 수 있다.

쉬는 시간 05

아이와 함께 걷기

　　엄마가 자녀의 마음을 온전히 이해할 때 아이에게 일어나는 변화는 단순히 정서적 안정에서 그치지 않고, 아이의 내적 세계 전체에 깊고 의미 있는 변화를 가져오는 중요한 계기가 된다.
　　첫째, 엄마가 아이의 마음을 온전히 이해하면 아이의 자존감이 단단해진다. 부모가 자신의 감정을 있는 그대로 인정해줄 때, 아이는 자신이 가치 있는 사람이라는 내적 확신을 갖게 된다.
　　둘째, 아이는 감정 표현 능력이 향상된다. 부모가 아이의 마음을 진심으로 들어주면 아이는 자신의 감정을 억압하지 않고 자연스럽게 표현할 수 있다. 이런 경험은 아이에게 감정적 문해력을 길러준다. 자신이 느끼는 감정을 정확히 이해하고 적절히 표현할 줄 아는 능력은 이후 삶에서 관계 맺기의 핵심 역량이 된다.

셋째, 아이는 도전과 실패 앞에서 더 강해진다.

엄마가 자신의 마음을 진정으로 이해한다는 확신이 있으면 아이는 실패나 어려운 상황에서도 자신을 자책하지 않고, 다시 일어설 용기와 내적 힘을 얻는다.

넷째, 아이는 자기주도적이고 능동적인 삶을 살아간다.

부모가 자신의 마음을 온전히 이해해준다는 믿음 속에서 자란 아이는 자신의 삶을 스스로 설계하고 책임지는 태도를 갖게 된다. 부모가 자신을 신뢰하고 이해해준다는 경험을 통해, 아이는 타인의 시선이나 기대에 얽매이지 않고 자신만의 진정한 정체성을 찾으며 독립적인 존재로 성장할 수 있다.

다섯째, 아이는 부모와의 관계뿐 아니라 타인과의 관계에서도 신뢰와 공감의 태도를 갖게 된다.

부모가 보여준 이해와 공감의 태도는 아이에게 타인과의 관계 형성에서 긍정적인 모델이 된다. 아이는 엄마가 자신의 감정을 이해하고 존중해준 것처럼, 주변 사람들에게도 공감과 이해를 자연스럽게 표현하게 된다.

6교시

**진짜 1등급 인생은
무엇일까?**

| 01 |

아이의 인생을 엄마가 통제할 수 있을까

정해진 인생

고등학교 1학년 민아는 요즘 엄마와 자주 다툰다. 민아의 엄마는 아이의 모든 것을 세심하게 관리하는 편이다. 공부 시간표, 학원 일정, 교우 관계까지 엄마는 일일이 신경을 썼다. 엄마가 볼 때는 아이를 위해 최선을 다하는 일이었지만, 민아는 어느 순간

숨이 막힌다는 느낌이 들었다. 작은 선택조차 엄마에게 허락을 받아야 했고, 자신의 의견을 내는 순간 엄마와 갈등이 시작됐다.

민아가 엄마와 자주 다투고 숨 막혀 하는 이유는 엄마가 아이의 모든 것을 철저히 관리하고 통제함으로써 아이의 자율성을 크게 제한했기 때문이다. 엄마는 이를 아이에 대한 사랑과 관심이라고 생각했지만, 민아에게 드러난 진짜 문제는 자신의 삶이 점점 엄마의 틀 속에 갇혀 사라지고 있다고 느꼈다.

자율성

자율성은 개인이 자신의 삶에서 의미 있는 결정을 스스로 내릴 수 있다는 감각으로, 이것이 억압될 경우 개인은 정서적 무기력과 혼란을 느끼게 된다. 민아가 느끼는 숨 막힘과 혼란은 바로 이러한 자율성의 결핍에서 비롯된 것이다. 엄마의 과도한 관리와 간섭이 계속될수록 민아는 스스로를 통제한다는 자율성을 잃었다.

"저는 제 인생을 엄마가 다 정해주는 게 너무 힘들어요. 제가 원하는 게 뭔지, 뭘 하고 싶은지 저도 이제는 잘 모르겠어요."

이 말 속에서 민아는 자율성의 결핍으로 인해 자기 자신이 점점 사라지는 듯한 위기감을 표현하고 있다. 결국 자율성을 잃은 아이는 자신을 스스로 믿고 삶을 개척할 힘을 잃어버린다.

에히리 프롬은 《사랑의 기술》에서 사랑을 두 가지 방식으로 구분한다. 소유적 사랑은 상대방을 마치 자신의 소유물처럼 통제하고 관리하는 방식으로 나타난다. 반면 존재적 사랑은 상대방이 독립적인 존재로서 스스로 성장하고 발전할 수 있도록 돕고 지지하는 사랑이다. 민아의 엄마가 보여준 모습은 아이를 위한 사랑처럼 보이지만, 사실상 소유의 형태에 더 가깝다. 민아는 이런 사랑 속에서 스스로의 존재와 자율성을 잃어버리며 고통스러워 했다.

부모가 해야 할 진정한 역할은 아이를 소유하고 통제하는 것이 아니라, 아이가 스스로의 삶을 선택하고 책임질 수 있도록 충분한 자율성과 신뢰를 제공하는 것이다. 에히리 프롬이 강조한 두 번째 사랑, 자발적이고 자유로운 존재가 되도록 하는 사랑이 바로 그렇다. 아이는 이런 환경 속에서 비로소 자신의 내적 욕구와 꿈을 발견하고 독립적인 존재로 성장할 수 있다.

소유하지 않는 사랑은 후차적으로 사랑을 야기한다. 아이의 선택을 인정하고 존중하며, 때로 실수를 하더라도 그것을 스스로 배우고 성장할 수 있는 기회로 여겨야 한다. 이렇게 할 때, 민아는 다시 자기 삶을 주체적으로 살아가는 힘을 얻고, 부모와의 관계 역시 진정한 의미의 신뢰와 사랑으로 변화할 수 있게 된다.

결국 아이의 인생은 부모가 완벽히 통제할 수도 없고, 통제해서도 안 된다. 부모의 소유가 아니다. 독립된 개체다. 부모의 진정한 사랑과 지혜는 아이가 스스로의 삶을 살아갈 수 있도록 돕고, 그 과정을 신뢰하고 지켜보는 데 있다. 부모가 아이에게 자율성을 돌려줄 때 비로소 아이는 자신의 삶을 주체적으로 살아가며 행복과 성장을 이루게 된다.

내가 교육에 있어서 자발성을 강조하는 이유도 같다. 통제는 한계가 있고, 그 자체로 사랑이라는 명목하에 소유를 정당화 하기 때문이다. 부모가 아이의 삶을 모두 통제할 수는 없다. 부모가 아이에게 진정으로 줄 수 있는 가장 소중한 선물은 아이가 스스로 선택하고 그 선택에 책임을 질 수 있는 능력을 길러주는 것이다. 부모의 역할은 아이의 삶을 대신 살아주는 것이 아니라, 아이가 자기 삶을 살아갈 수 있도록 믿고 기다려주는 것이다.

'| 02 |

'잘 살아가는 힘'을 가르치는 부모

성공이란 무엇일까?

좋은 대학은 과연 성공의 기준인가? 사교육자로서 이런 말을 하면 안되지만, 좋은 대학이 성공의 기준은 아닌 것 같다. 물론 자신이 원하는 삶을 살 가능성은 열 수는 있다. 가능성이 많아지는 것이지, 대학이 성공의 척도는 아니다.

부모가 좋은 성적과 좋은 대학을 인생의 절대적인 성공 기준으로 강조하는 경우를 자주 본다. 부모의 기대와 압박은 학생에게 "성적이 떨어지면 인생이 망한다."라는 극단적 불안을 불러일으켰다. 특히 고득점자일수록 그런 경향이 많이 나타난다.

인간이 진정 행복하고 의미 있는 삶을 살기 위해서는 단순히 좋은 성적이나 외적 성취보다는 내면의 긍정적 특질과 강점을 키워야 한다. 한 사람의 내면은 외면과 달라서 외면이 흔들릴 때도 내부는 흔들리지 않는다. 우리가 내면을 강조해야 하는 이유는 의미있고 튼튼한 흔들림 없음을 강조하기 위함이다. 이런 튼튼함은 실패와 좌절을 마주했을 때 이를 극복하고 다시 일어설 수 있는 긍정적 정서, 의미의 생산, 그리고 목표의 성취 같은 것을 통해 이룰 수 있다. 부모로서 아이에게 전해야 할 진정한 메시지는 성적 자체보다 아이가 어려움을 마주할 때 그것을 극복할 수 있는 내면의 힘의 중요성이다.

사업을 하다보면 일을 처리할 수 있는 역량을 '캐파(capacity의 약자)'라고 부른다. 얼마나 많은 일을 처리하고, 능수능란하게 다룰 수 있는지에 대한 척도이다. 삶에도 '캐파'가 있다. 자신의 삶에서 처리할 수 있는 정도의 역량을 말한다. 아이가 자기 삶을 스스로 개척하고 풍요롭게 만들어야 할 것은 이 '캐파'를 올리는 일이고, 실질적이고 내적인 능력을 갖추게 하는 것이다.

예를 들어, 아이에게 "성적이 떨어졌지만 이번 시험을 통해 네가 인내심을 갖고 노력한 과정이 정말 자랑스럽다. 이런 경험이 앞으로 네 인생을 더 잘 살아가는 데 큰 힘이 될 거야"라고 말하는 것이다. 이러한 태도가 아이에게 진정한 삶의 역량을 심어줄 수 있다. 부모가 '잘 살아가는 힘'을 가르치기 위해서는 다음과 같은 실천이 필요하다.

1. 실패와 좌절의 경험을 긍정적으로 재해석하기

부모는 아이가 어려운 경험을 했을 때, 그 경험을 실패가 아니라 성장과 배움의 기회로 받아들이도록 도와야 한다. 이렇게 하면 아이는 좌절을 경험하더라도 쉽게 포기하지 않고 다시 일어설 수 있는 내적 힘을 기울 수 있다. 중요한 것은 아이가 긍정적으로 재해석하길 기다리는 것이 아니라 부모가 직접 도와야 한다는 것이다.

2. 아이가 스스로의 강점과 가치를 발견하도록 돕기

아이가 스스로가 가진 독특한 재능과 강점을 발견하고 인정하도록 도와줄 때, 아이는 자존감을 높이고 내적 자신감을 키워 삶을 주도적으로 살아갈 수 있다. 아이는 자신의 장점이 무엇인지 잘 모르는 경우가 있다. 어른도 마찬가지다. 제 3자가 봐주는 자신이 어쩌면 더 정확할 수 있다. 부모가 자녀를 사랑하는 마음으로 볼 수 있기에 장점이 왜곡될 수 있다고 하는 사람도 있지만, 오히려 사랑하기 때문에 정확하게 이야기해 줄 수 있다.

3. 외부 평가에 흔들리지 않는 내적 기준 세우기

부모가 외적 성취가 아닌 아이의 노력과 과정에 초점을 맞추어 피드백을 제공하면, 아이는 스스로의 내적 기준을 세우고 삶을 주도적으로 살아갈 수 있는 역량을 기르게 된다. 이는 부모의 말 습관에서 시작한다. 내적 기준은 스스로 생기지 않는다. 외부에서 가치를 지속적으로 알려줘야한다. 좋은 것만 주고 싶은 부모의 마음은 아이가 살아가는데 기준을 세우는데 중대한 역할을 한다.

이러한 부모의 진정한 지지와 교육 속에서 아이는 인생의 어떠한 상황에서도 자신을 믿고 삶을 개척하는 진정한 내면의 역량을 갖춘 사람으로 성장할 수 있게 된다.

민서의 엄마와 상담을 진행하며 나는 말했다.

"성적과 대학 진학은 중요하지만, 아이가 인생을 살아가면서

맞닥뜨리는 문제들을 해결할 수 있는 내적인 힘을 길러주는 것이 더욱 중요합니다. 그 힘은 성적에서 나오는 것이 아니라, 아이가 어려운 상황에서도 스스로를 믿고 다시 일어설 수 있도록 부모가 보여주는 믿음과 지지에서 나옵니다."

어느 날 민서가 시험에서 성적이 떨어졌을 때 그렇게 실망하는 기색을 내비치지는 않았다. 엄마의 달라진 태도로 인해 민서는 다시 일어서면 된다고 스스로를 타이를 수 있게 되었다. 내가 생각하는 1등급 인생은 자율성, 자발성, 그리고 지속적인 성장이 드러나는 삶이다. 1등급 성적은 이를 따라올 수밖에 없다.

"진짜 1등급 인생이란 좋은 성적이나 안정된 직장만을 의미하지 않습니다. 아이가 인생의 어려움을 마주했을 때, 그것을 이겨낼 수 있는 내적 힘과 자신감을 갖도록 돕는 것이 훨씬 중요합니다. 부모가 그런 힘을 키워줄 때, 아이는 어떤 환경에서도 자기 삶을 건강하게 이끌어갈 수 있습니다."

| 03 |

나를 그대로 받아주는 부모가 자존감을 만든다

있는 그대로 보기의 어려움

있는 그대로 봐준다는 것은 얼마나 어려운 일인지 실감한다. 사랑하는 사람들 사이에서도 있는 그대로 봐준다는 것은 꽤나 어려운 일이라, 오해와 갈등이 생기는데 아이의 입시에서는 더욱 그렇다.

'있는 그대로 받아준다.'는 말은 상대의 모습이나 상태를 있는 그대로 인정하고 수용한다는 뜻이라면, 무조건적인(막무가내가 아닌 조건이나 단서가 붙지 않는) 존중과 사랑의 한 형태라고 할 수 있다. 어떤 조건이나 기준을 충족해야만 사랑하거나 인정하는 것이 아니라, 그 사람이 존재하는 그대로 이미 가치 있다고 여기는 태도이다. 인간의 존재 자체에 대한 신뢰와 연결되어, 상대가 완전하지 않고 실수를 하더라도 그 불완전함까지 포용하는 깊은 이해를 담고 있다. 하지만 늘 우리는 관점과 자신의 상황을 통해 다른 사람의 상태를 유추할 수 밖에 없다. 타인의 마음에 들어가 본적도 없는 입장에서 있는 그대로 받아들여 준다는 태도는 머리로만 이해할 수 있지, 실천하기는 여간 어려운 것이 아니다.

부모와 자녀의 관계에서 '있는 그대로 받아준다'는 태도는 특히 중요하다. 아이는 세상을 배우는 과정에서 크고 작은 시행착오를 겪는데, 이때 부모가 아이를 있는 그대로 받아주면 아이는 안전함과 안정감을 느낀다. 예를 들어, 성적이 기대에 미치지 못하거나 행동에 실수가 있더라도 부모가 실망이나 비난 대신 이해와 격려의 눈빛으로 아이를 바라봐 준다면, 아이는 자신의 모습이 조건 없이 사랑받고 있다는 확신을 얻는다. 실망과 비난이 생기는 이유는 지금 아이의 성적 그대로가 아닌 기대가 더 크기 때문이다. 냉정하게 생각해보면 성적이 나쁘면 그 점수에서 시작해야 한다. 아이의 학업 수준이 이정도로구나 인정하고, 바로 문제의 해결을 이어나가는 것이 좋다. 기대하는 모습을 투영하다보면, 아이는 그 기대에 미치지 못하고 낙오하게 되는 경우를 자주 봐왔다.

자존감이 성적의 바탕이 된다는 것은 앞에서 우리가 밝혀왔다. 심리학 연구에 따르면, 부모의 무조건적인 사랑과 수용을 받고 자란 아이일수록 자기존중감이 높고 정서적으로 안정된 경향을 보인다. 아이는 부모의 거울을 통해 자신을 바라보게 되는데, 부모가 보여주는 수용과 긍정의 반응은 아이에게 "내가 있는 그대로의 모습으로도 괜찮구나."라는 기본 신뢰감을 심어준다. 이러한 신뢰감은 훗날 아이가 사회에 나아가 도전과 실패를 마주할 때에도 자신을 잃지 않고 다시 일어설 수 있는 심리적 탄력성의 바탕이 된다. 반면 조건부 사랑, 즉 "~하면 사랑한다" 식의 메시지를 받고 자란 아이는 사랑받기 위해 끊임없이 조건을 충족시켜야 한다는 압박을 느끼며 성장할 수 있다. 이런 경우 자존감이 내면의 안정적 믿음이 아니라 외부의 평가에 흔들리기 쉬운 모래성처럼 되어버릴 위험이 있다.

있는 그대로 봐주기의 방식

그렇다면 어떤 방식으로 있는 그대로 봐주기를 실천해야 할까? 이 실천은 비유로 설명하는 편이 좋을 것 같다. 정원을 가꾸는 정원사는 각각의 꽃이 자기 색과 모양대로 피어나도록 지켜봐 준다. 정원사는 장미에게 해바라기처럼 피어나라고 강요하지 않듯, 부모도 아이에게 타인의 모습이나 이상형에 맞게 변하라고 요구하지 않는 것이 바로 있는 그대로 받아주는 태도이다. 내성적이고 수줍음이 많은 아이가 있다고 가정해 보자. 부모가 그 성향 자체를 있는 그대로 인정하고 존중해준다면, 아이는 자신이 남들과 달라도 괜찮다는 안도감을 얻는다. 학원에 그림 그리기를 무척 좋아하지만, 학교 성적은 평범한 아이가 있었다. 나는 부모의 태도가 인상깊었는데, 성적이 아주 좋지 않아 상담을 한 적이 있다. 부모는 성적에 집착하지 않았다.

"아이가 행복하다면 그걸로 충분합니다."

나는 적잖이 충격을 받았는데, 이런 부모를 본적이 없기 때문이다. 물론 학원을 나갈 때까지 아이의 성적은 크게 변하지는 않았다. 그래도 그 아이의 얼굴이 자꾸 떠오르는 것은 자신이 하고 싶은 공부를 마음 편히 하는 편안함이 얼굴에서 묻어났기 때문이다. 나는 혜윤이와 엄마를 마주보며 그 아이의 얼굴이 생각났다. 성적이 좋은 혜윤이가 자꾸 불안해 하는 이유는 기대의 투영 때문이라고 생각했다. 나는 혜윤이와 엄마가 상담실을 나갈 때 어머니께 귀띔해 드렸다.

"혜윤이는 성적이 좋은데, 심리적으로 불안안 상태이니, 한 번 '혜윤아, 성적이 어떻든 너는 지금 이대로 충분히 소중한 사람이야. 엄마는 너 자체를 사랑해.'라고 말해보시는 게 어떨까요?"

말하는 나도 낯이 간지러웠는데, 직접 말해야하는 엄마는 오죽했을까? 몇 주가 지난 뒤 혜윤이 엄마로부터 문자를 한 통 받았다.

"원장님 감사합니다. 혜윤이가 심리적으로 많이 안정되었어요. 아마도 이번 시험에서 조금 더 나은 성적을 얻을 수 있었던 이유는 이 심리적 안정 때문인 것 같아요."

| 04 |

성적을 넘어, 자기 삶의 방향을 선택하는 아이

민재는 성적의 정체기가 왔다. 이로 인해 계속 스트레스를 받았다. 학원의 선생님은 민재가 좀 더 노력하도록 채근하고 독려하려 했지만, 나는 선생님께 민재가 그냥 있도록 두자고 했다. 민재가 고민하는 것은 자기 갱신의 문제였다. 스스로의 한계를 극복하고, 더 나은 사람이 될지에 대한 답을 스스로 찾아야 한다고 생각했다.

니체는 인간이 스스로 정해진 틀이나 사회적 가치, 타인의 기대를 넘어 자신의 삶을 스스로 창조하고, 자기 자신을 끊임없이 넘어서야 한다고 주장했다. 자기 초월이라는 것이지만, 초월이라는 단어는 너무 큰 단어고, 자기 갱신이 맞는 단어가 아닐까 생각한다. 민재가 느끼는 혼란은 바로 이런 자기극복의 과정에서 나타나는 필연이다. 자기 자신을 진정으로 실현하기 위한 성장의 고통이라고 볼 수 있다.

민재와 같은 아이들이 자신의 삶을 스스로 선택할 수 있도록 부모가 도와주는 방법은 다음과 같다.

삶의 방향 선택하기

1. 아이의 고민을 있는 그대로 인정하고 수용해주기

부모가 아이의 혼란과 불안을 비판하거나 축소하지 않고 진지하게 받아줄 때, 아이는 자신의 고민이 진지하게 존중받고 있음을 느끼며 자신이 선택한 삶을 책임질 수 있는 용기를 얻는다.

2. 아이가 삶의 의미를 발견하도록 충분히 탐색하게 도와주기

부모가 성급히 아이의 진로를 결정하거나 권하지 말고, 아이

가 다양한 경험과 질문을 통해 자신이 진정으로 원하는 삶의 의미와 목적을 발견할 수 있도록 지지하고 기다려줘야 한다.

3. 안정성에 대한 불안을 아이와 함께 나누기

부모가 느끼는 안정성에 대한 불안과 걱정을 숨기기보다는 솔직히 아이와 나누고, 함께 현실적인 대안과 방법을 찾아보는 과정을 거치면 아이는 현실을 직시하면서도 자신의 삶을 스스로 결정할 수 있는 균형감을 갖게 된다.

4. 답을 알려주는 것을 피하기

답은 스스로 찾아야 한다. 자신의 문제를 가지고 며칠 고민해 본 사람은 다르다. 일론 머스크가 사람을 뽑을 때 한 가지 질문만 한다고 한다. 가장 힘든 일은 무엇이었고, 어떻게 스스로 극복했는지. 자기가 직접 극복하지 않은 사람은 티가 난다고 했다. 그들은 얼버무리는 반면 진정 스스로 어려움을 극복한 사람은 그 전 과정을 세세하게 밝힌다고 한다.

나는 입시 설명회에 가면 이렇게 말한다.

"성적은 중요합니다. 하지만 더 중요한 것은 아이가 스스로 자기 삶에서 직접 고민하고 흔들리며 극복해 나가는 것입니다. 하나부터 열까지 떠먹여 주다보면, 스스로 어려움을 어떻게 극복해야 하는지 배울 수 없습니다. 부모는 아이가 포기하지 않고, 끈덕지게 인내하며 노력할 수 있도록 지지하고 믿어줘야 합니다. 문제 풀이 능력은 결국 삶의 문제 풀이와도 같습니다."

| 05 |

1등급 인생
행복한 삶을 찾아서

고대 철학자들은 행복을 인간 삶의 궁극적 목표로 보았다. 아리스토텔레스는 행복을 "인간이 지향해야 할 최종적이고 궁극적인 선"이라고 규정하며 미덕의 실천을 통해 이를 달성할 수 있다고 강조했다. 그러나 현대 사회에서 행복은 때로 물질적 풍요나 쾌락의 총합처럼 여겨지며, 모든 사람이 똑같이 추구해야 할

평균으로 간주되기도 한다.

　하지만 내 생각에 인간의 삶은 어떤 정해진 본질이나 목적 없이 시작하는 경우가 많다. 학원에서 가르치는 아이들도 모두 교육을 받아야 한다는 부모의 뜻에 따라 시작하니까. 하다보니 그 안에서 자신의 삶을 발견하고, 또 목표를 만들어 나가게 된다. 그렇게 생각하면, 사람의 행복이란 자유로운 선택과 책임을 통해 스스로 창조해야 하는 것 같다.

　행복은 외부에서 주어지는 선물이 아니라 각자가 자신의 자유로 빚어가는 산물이다. 인간은 매 순간 자유롭게 선택할 수 있는 축복을 받았지만 동시에 그 선택에 대한 무거운 책임을 져야 한다. 하지만 안타까운 점은 학생들에게 그렇게 자유가 주어지지 않는다는 점과 자유가 주어져도 어떻게 해야 할지 모른다는 사실이다.

　내가 생각하는 1등급 인생이란 자기 삶을 스스로 결정하고 그 결과를 온전히 떠안는 과정에서 비로소 진정한 자아와 행복을 발견할 수 있는 삶이다. 1등급이라는 성적은 외부의 압박으로 만들어 낼 수 있다. 하지만 1등급 인생은 자기가 찾지 않으면 불가능하다. 부모는 이 가운데 서있는 조력자이다.

　에드바르 뭉크의 그림 <절규>는 말로 형언할 수 없는 존재의 불안을 상징적으로 담아낸다. "불안"은 피할 수 없는 그림자처럼 인간 존재를 따라다니는 조건이다. 누구나 불안을 경험한다. 알 수 없는 성적, 아이의 미래, 앞으로 어떤 일이 벌어질지 모르는 환경 속에서 불안은 부모의 마음을 갉는다. 그래서 부모는 더욱 더 개입하려고 한다.

하지만 불안이야말로 인간이 자기 자신과 마주하고 선택의 책임을 깨닫는 통로이다. 자기 존재를 깊이 성찰하며 절망의 밤을 통과한 사람만이 비로소 진정한 자기 자신을 발견하고 지속되는 평안을 얻을 수 있다는 뜻이다.

현대의 행복은 획일화 되어있다. 1등급이라는 성적만 행복이라고 보는 것도 비슷하다. 계산되고 표준화된 '평균적 행복'이 과연 우리의 행복이었을까? 양적인 평안 대신 질적으로 깊은 행복을 추구해야한다. 아이들은 자기 존재의 진정성을 공부라는 과정속에서 누림으로써 행복을 찾아갈 수 있다.

행복의 본질은 흔히 생각하는 쾌락이나 고통의 부재와는 거리가 멀다. 오히려 열심히 공부하고, 혼란을 통과하고, 고난을 이겨낸 부모와 아이 사이에 피어나는 꽃과 같다.

나는 행복을 추구한다고 하는 많은 사람들 사이에서 반감이 들때가 있다. 행복이란 완성된 상태가 아니라, 과정을 부르는 다른 말일지 모른다. 인간 존재의 자유와 책임을 다할 때 비로소 찾게 되는 진실한 순간들이다. 성공과 실패가 아니라 행복안에서 걸어가는 중이냐, 아니냐가 더 옳은 질문일지 모르겠다. 학생들이 자발적으로 남아 자습을 하는 모습을 본다. 고개를 푹 숙이고 자신의 시험지에 몰두하는 모습을 물끄러미 보고있으면, 삶의 환의가 그 가운데 있다는 생각한다.

쉬는 시간 06

나는 어떤 기준으로 살고 있었을까

나는 어떤 기준으로 살아야 하는가? 소위 내가 말하는 1등급 인생은 결국 자의성에 의해 결정된다고 본다.

자의성이란 본질적으로 절대적인 정답이나 객관적인 이유가 없는 상태에서, 개인의 선택이나 결정이 임의적이고 주관적인 기준에 따라 이루어진다는 것을 뜻한다. 아이가 자기 삶의 기준을 찾으려 할 때 가장 먼저 부딪히는 문제는 바로 이 자의성의 문제이다. 부모, 학교, 사회가 제시하는 기준들 역시 사실은 절대적이고 보편적인 것이 아니라, 어느 정도 상대적인 선택의 결과일 뿐이다. 이 선택은 자의로 하도록 해야한다.

나는 인간은 의미를 만들어가는 존재라고 생각한다. 인간은 본래 정해진 본질이나 기준 없이 세계에 던져진 존재이며, 삶의 기준과 의미는 오직 스스로의 자유로운 선택을 통해 삶을 창조해야 한다고 본다. 사회라는 기준이 있기는 하지만 이를 받아들이고, 수용할지 또한 자의성의 문제이다. 높은 성적이 성취를 추구할지, 아니면 다른 삶의 모양을 선택할지는 개인이 결정할 문제이다.

자의성이란 혼란과 불안을 동반하지만, 동시에 자신이 진정으로 원하는 삶을 창조하고 실현할 수 있는 가능성을 열어준다. 공부를 잘 하는 학생들도, 공부를 하지 않으려는 학생들도 이런 자의성이 있어야 하고, 부모나 선생님의 역할은 아이의 결과를 선택해 건네는 것이 아닌 스스로 선택하도록 돕는 역할이다.

예를 들어, 아이는 자신이 선택한 기준이 올바른지, 잘못된 선택을 하게 되면 어떡할지에 대해 두려워 한다. 아이에게 삶의 기준을 일방적으로 제시하거나 강요하기보다, 아이가 스스로의 선택에 대해 고민하고 책임질 수 있도록 충분한 지지와 격려를 해 두려움을 덜어줘야 한다.

1. 자의성을 인정하고 받아들이도록 돕기

부모는 아이가 삶에서 절대적 정답을 찾지 못하고 혼란스러워하는 것을 있는 그대로 이해하고 받아들여야 한다. 이러한 태도를 통해 아이는 자신의 혼란이 잘못된 것이 아니라 자연스러운 것임을 깨닫고, 더욱 용기 있게 자기 삶의 기준을 탐색할 수 있게 된다.

2. 삶의 기준에 대한 열린 대화를 지속적으로 나누기

부모는 아이와 끊임없이 대화하며 다양한 삶의 기준과 가치에 대해 탐구하도록 도와줘야 한다.

3. 자의적 선택에 따른 책임을 감당할 용기를 심어주기

아이가 스스로 선택한 기준으로 살아갈 때, 때로는 어려움과 실패를 마주할 수 있다. 실수나 실패가 삶의 일부이며, 그것이 자신의 삶을 더 풍부하고 깊게 만든다는 것을 아이가 알 수 있도록 도와야 한다.

우리의 선택은 필연적으로 자의성을 지니게 된다. 그리고 후회없는 선택은 없다. 모든 사람은 자신의 선택을 후회하면서 산다. 아무리 좋은 선택이라도 말이다. 그러나 덜 후회하는 1등급 인생은 자의성을 인정하는 삶이다.

에필로그

아이의 1등급 인생, 엄마의 눈빛에서 시작된다

학원을 운영하면서 수많은 아이들과 부모를 만났다. 그 과정에서 수없이 듣게 되는 질문이 있다. "어떻게 해야 아이가 잘 자랄까요? 성적을 올리려면 어떻게 해야 하나요?" 이 질문에 대한 대답은 생각보다 간단하면서도 깊은 의미를 담고 있다.

"아이의 진짜 1등급 인생은 성적표가 아니라, 아이를 바라보는 엄마의 눈빛에서 시작됩니다."

성적이 떨어졌을 때, 아이는 성적표의 숫자보다 더 먼저 엄마의 눈빛을 확인한다. 엄마가 실망하는지, 자신을 꾸짖는 눈빛인지, 아니면 그래도 괜찮다는 따뜻한 눈빛인지. 그 짧은 순간이 아이의 마음을 결정짓는다. 나는 많은 아이들이 엄마의 실망한 눈빛 한 번에 얼마나 큰 상처를 받고 자신감을 잃는지 자주 목격했다.

하지만 반대로, 아이가 힘들고 지쳐 있을 때 엄마가 먼저 따뜻한 눈빛으로 아이의 노력을 인정해준다면, 그 눈빛 하나가 아이에게는 다시 일어설 수 있는 큰 힘이 된다. 아이가 실패했을 때, 성적이 떨어졌을 때, 결과가 기대와 다를 때 엄마가 보이는 따뜻하고 흔들림 없는 눈빛이 아이를 다시 살아나게 하는 힘이다.

많은 부모들은 좋은 성적과 안정적인 진로가 아이의 인생을 성공으로 이끈다고 믿는다. 물론 그것도 중요하지만, 진짜 중요한 것은 아이가 어떤 상황에서도 흔들리지 않고 자기 삶을 스스로 살아갈 수 있는 내적인 힘이다. 그런 내적 힘은 엄마가 아이를 있는 그대로 바라보고 지지해줄 때 자란다.

아이의 삶은 엄마의 눈빛에서 시작된다. 성적표의 숫자가 아니라, 아이가 느끼는 불안과 걱정, 그리고 그 뒤에 숨겨진 노력과 애씀을 인정하는 엄마의 눈빛에서 아이는 스스로에 대한 신뢰와 자신감을 얻게 된다. 그 눈빛 하나가 아이의 자존감을 키우고, 어떤 어려움에도 다시 일어설 수 있는 강력한 내적 힘을 만든다.

이제 아이에게 진짜 1등급 인생을 만들어주고 싶다면, 성적표가 아니라 아이의 눈과 마음을 바라보자. 아이가 실패해도, 성적이 떨어져도, 흔들림 없이 믿고 기다려주는 엄마의 눈빛이 결국 아이를 더 크게 성장하게 할 것이다.

부모가 아이에게 줄 수 있는 최고의 선물은 결과가 아니라 과정에서 느끼는 안정감과 신뢰이다. 아이가 삶에서 마주할 모든 어려움을 당당히 마주하고 이겨낼 수 있는 힘은 결국 엄마의 따뜻한 눈빛에서부터 시작된다. 아이의 1등급 인생은 성적표 위에 있는 게 아니라, 엄마가 아이를 진심으로 믿어주는 눈빛 속에 있다.

행복은

열심히 공부하고, 혼란을 통과하고, 고난을 이겨낸

부모와 아이 사이에

피어나는 꽃과 같다.

1등급 부모 1등급 아이

초판 1쇄 발행 2025년 8월 31일

발행인 김영근
저자 이영호
편집 마음 연결
디자인 마음 연결
펴낸곳 마음 연결
주소 경기도 수원시 팔달구 인계로 120 스마트타워 604호
이메일 nousandmind@gmail.com
ISBN 979-11-93471-82-1
값 18000